# Berliner
# Südwestbahn und Centralbahn.

Beleuchtet

vom Standpunkte der Wohnungsfrage

und der

industriellen Gesellschaft

von

Dr. jur. H. Schwabe,
Director des statistischen Bureaus der Stadt Berlin.

Mit 2 Karten und 2 graphischen Darstellungen.

**Berlin.**
Verlag von J. Guttentag
(D. Collin).
1873.

# Inhaltsübersicht.

# I. Die Wohnungsnoth und ihre Wirkungen auf Berlin.

Kaum gibt es irgend eine Form des Zusammenlebens der Menschen, welche der Verwaltung soviele Räthsel aufgibt, wie die Großstadt, deren charakteristische, und man kann wohl sagen anormale Eigenthümlichkeiten in Berlin mit jedem Tage mehr zur Geltung kommen. Aber was sind alle bisherigen Fragen gegen das eine große Problem der Wohnungsnoth, welches nunmehr seit Jahren Berlin bedroht und alle Nervenfasern seines socialen, geschäftlichen, physischen und moralischen Lebens zermürbt.

Kein Berliner wird der Behauptung widersprechen, daß jedes denkbare Interesse eines Menschen von der Wohnungsnoth mehr oder weniger hart betroffen wird.

Sie schädigt die Sanitätsverhältnisse, indem sie die Menschen in einer Art zusammendrängt, die kaum im Zwischendeck eines Auswandrerschiffes für zuläßig erachtet werden würde. Ueber die zunehmende Ueberfüllung der Häuser und Wohnungen mit Menschen hat die letzte Volkszählung vom 1. Dec. 1871 wahrhaft erschreckende Beispiele ans Licht gebracht.

| | | | | | | |
|---|---|---|---|---|---|---|
| 1860 | kamen | 45,18 | Bewohner | auf | ein | Haus, |
| 1870 | „ | 51,24 | „ | „ | „ | „ |
| 1872 | „ | 55,63 | „ | „ | „ | „ |

Innerhalb der übervölkerten, aus 1—2 Zimmern bestehenden Wohnungen wurden ermittelt:

| | | | | | | | |
|---|---|---|---|---|---|---|---|
| 171 | Wohnungen | wo | 10 | Menschen | auf | 1 | Zimmer kommen |
| 57 | „ | „ | 11 | „ | „ | 1 | „ „ |
| 19 | „ | „ | 12 | „ | „ | 1 | „ „ |
| 11 | „ | „ | 13–20 | „ | „ | 1 | „ „ |

ferner:

| | | | | | | |
|---|---|---|---|---|---|---|
| 12 | Wohnungen | wo | 14 | Menschen | auf 2 | Zimmer kommen |
| 3 | " | " | 15 | " | " 2 | " " |
| 2 | " | " | 16 | " | " 2 | " " |
| 1 | Wohnung | " | 18 | " | " 2 | " " |
| 3 | Wohnungen | " | 19–24 | " | " 2 | " " |

Dabei ist besonders hervorzuheben, daß hier zwischen heizbaren und nicht heizbaren Zimmern kein Unterschied gemacht, sondern jeder Raum der zum Wohnen oder Schlafen dient als Zimmer gerechnet worden ist.

Die unnatürlichen Wohnungsverhältnisse spiegeln sich recht erkennbar in der nicht unbeträchtlichen Zahl von Wohnungen ab, welche keine besondere Küche haben. Denn da man das Zubereiten der Speisen nicht in jedem Raume besorgen kann, bedient man sich dazu unter normalen Verhältnissen einer Küche, und wenn sich jene Wohnungen in neuerer Zeit in so ungemeiner Weise vermehrten, so kann man daraus recht deutlich ersehen, daß eine große Masse Berliner Familien zu immer niedrigeren Lebensformen herabsteigt. Es existirten Wohnungen ohne besondere Küche:

| | 1867 | 1871 |
|---|---|---|
| in den Vorderhäusern . . | 12281 | 20109 |
| " " Hofgebäuden . . | 6253 | 12707 |

Es haben sich sonach diese Wohnungen von 1867 bis 1871 in den Vorderhäusern um 63,7 %, in den Hofgebäuden sogar um 103,2 % vermehrt. Von 100 Wohnungen waren solche ohne Küche:

| | 1867 | 1871 |
|---|---|---|
| in den Vorderhäusern . . | 11 | 16 |
| " " Hofgebäuden . . | 15 | 23 |

Wie die Wohnungsverhältnisse der angesessenen so haben sich auch diejenigen der sogenannten flottirenden Bevölkerung ungünstiger gestaltet: Die Zahl der Chambregarnisten ist von 24382 im Jahre 1867 auf 23080 im Jahre 1871 herabgegangen, während die Schlafleute in derselben Zeit von 43496 auf 67230 gewachsen sind. Es hat sich also die bessere Wohnungsform um 5 % verringert, während die schlechtere um 55 % gewachsen ist. Was erzählen diese

Zahlen zwischen den Zeilen, was tragen wohl die 67000 Schlafleute in die Familien für Unsegen hinein, welche ihnen nothgedrungen ihre Pforten erschließen müssen?

Durch solche abnorme Verhältnisse geht nothwendig mit der Zeit eine Entartung der Menschen vor sich. Denn die durch die Ueberfüllung mit Menschen in den Zimmern erzeugte Verderbniß der Luft, die an sich in der Großstadt nicht viel werth ist, verhindert die Oxydation des Blutes, d. h. sie bewirkt eine Verschlechterung der Säfte. Diese wieder begünstigt tuberculose Ablagerungen, Störungen in der Ernährung, kurz constitutionelle Leiden aller Art.

Damit eng zusammen hängt eine moralische Entartung, denn es ist eine längst bewiesene Thatsache, daß jeder Degeneration des Leibes eine Entartung der Sitten auf dem Fuße folgt. Bewirkt doch schon an sich das enge Zusammenpferchen der Geschlechter eine Zunahme der fleischlichen Verbrechen mit jenem traurigen Gefolge von unehelichen Kindern, Kindermorden und Ehebrüchen, so daß man in der That von der Wohnungsnoth sagen kann, es ruht auf ihr der Fluch der bösen That, daß sie fortzeugend Böses muß gebären.

Sehr tiefgreifender Natur sind die wirthschaftlichen Nachtheile, welche vor allem in der Schmälerung des Einkommens bestehen. Mit Recht hat man gesagt, die Wohnungsnoth ist zum größten Theil eine Wohnungstheurung; diese Theurung beschneidet das Einkommen, indem sie jeden zwingt, an allen andern Ausgaben zur Deckung der Miethe zu sparen, sie schädigt die Erwerbsinteressen durch enorme Laden- und Werkstattsmiethen und wirkt schließlich störend und zersetzend auf die Heiligkeit, Sittlichkeit und allgemeine Wohlfahrt des Familienlebens, indem sie viele Miether zwingt, zur Deckung der Miethe fremde Elemente in die Haushaltung mitaufzunehmen. So preßt das Mißverhältniß zwischen Miethzins und Einkommen die Menschen immer mehr in enge Räume zusammen und zwingt Einen nach dem Andern zu einer tiefern Wohnungsclasse und somit zu einer niedrigeren Lebensform herabzusteigen.

Hand in Hand damit gehen beträchtliche Kostenpunkte, eine unausbleibliche Schädigung des Mobiliars und vor Allem die anhaltende Störung der häuslichen Ordnung durch jenes bedenkliche Nomadenleben. Denn in der That das Gefühl der Seßhaftigkeit ist in der Stadt nicht mehr heimisch, die Wohnungen sind zu „steinern Zelten" geworden, aus denen der rasche Wechsel jede behagliche Einrichtung und damit den still waltenden häuslichen Frieden verscheucht.

Und wie schädlich wirken all diese Mißstände auf das heranwachsende Geschlecht und seine stetige Ausbildung; mit jedem Umzug müssen die Kinder eine andere Schule besuchen und bereits sind Petitionen an die Behörden gerichtet worden, doch auf den verschiedenen Höhern-, Mittel- und Volksschulen dieselben Lehrbücher einzuführen, weil der häufige Wechsel der Schulen wie ihn die Wohnungsnoth bedinge, das häusliche Budget durch die fortgesetzte Ausgabe für Bücher zu stark belaste. Inmitten der unnatürlichen Unruhe, die ohnedies die Großstadt, mit ihrem ewigen Wechsel und ihren massenhaften Eindrücken, um das Kind erzeugt, läßt sie nun auch noch seine Spielgenossen wechselnd vorüberziehen wie auf einer großen Landstraße; sie betrügt die Kinder um ihre Schul- und Jugendfreundschaften, von denen Männer und Frauen so gern im Alter noch zehren, gestaltet mehr und mehr das Erziehungsgeschäft für Lehrer und Eltern zu einem hoffnungslosen, indem es die Wirksamkeit des Schulunterrichtes auf ein Minimum herabdrückt und schon aus räumlichen Gründen den Einfluß der Familie schwächt. Natürlich wirkt aber auch dieser Raummangel auf die Schulhäuser. In vielen Stadttheilen ist es kaum oder gar nicht mehr möglich, passende Localitäten zu Schulzwecken zu finden; in einzelnen Gegenden wurde es unmöglich alle schulreifen Kinder einzuschulen, und bereits hat sich die Schuldeputation gezwungen gesehen „provisorische Schulhäuser" zu bauen. Hat sich die praktische Pädagogik schon klar gemacht, welch unheilvolle Geister dieses Wort in seinem Schoße birgt, das noch dazu ein Euphemismus ist. Die richtige Bezeichnung wäre „Baracken-Schulhaus" gewesen; zu Barackenwohnungen paßt auch eine Barackenschule. Daß aber durch diese die Achtung vor der Schule, die ohnehin bei einem nicht geringen Theile der Bevölkerung eine mindestens zweifelhafte ist, gewinnen werde, wird wohl Niemand behaupten.

Zu diesen Wirkungen kommen noch andere, die man sociale

nennen kann, weil sie den Classenhaß vermehren, der schon scharf genug sich geltend macht. Die Mißstimmung, welche durch die ungesunden Wohnungsverhältnisse nothwendig erzeugt wird, findet ihre natürliche Ableitung und Richtung durch den Hauswirth. Sie verwandelt sich in Feindschaft gegen diesen. Zunächst gegen die bestimmte Person, dann aber gegen den Hauswirth im Allgemeinen. Bereits findet dieselbe in jedem sprechenden oder geschriebenen Organ der öffentlichen Meinung ihren Ausdruck: in den Zeitungen, in den Gerichtsverhandlungen, in den Theatercouplets, ja selbst in den illustrirten Neujahrwünschen. Wer die in Buden, Läden und Hausfluren feilgebotenen Producte dieser Art am letzten Jahreswechsel perlustrirte, wird gefunden haben, daß ein großer Theil derselben die ätzende Lauge der Berliner Satire auf diese Classe der Gesellschaft ergoß.

Diese Feindseligkeit trifft aber auch noch andere Classen, die mit der Miethssteigerung und Wohnungsnoth in mehr oder weniger directer Verbindung stehen. Die an das Fabelhafte grenzende Steigerung der Bodenpreise hat eine Masse Leute, Bauerngutsbesitzer, Ackerbürger, Gärtner und Baustellenbesitzer im Nu zu reichen Leuten, vielfach zu Millionären gemacht. Aber die Kunst, mit dem Reichthum umzugehen, wie es Vorsicht und Klugheit, Vernunft und Sittlichkeit gebieten, ist einem großen Theil dieser Leute ein Buch mit 7 Siegeln. Sie gleichen dem Schweinehirten des Märchens, der das ihm anvertraute Borstenvieh hoch zu Rosse hüten wollte. Berlin, Charlottenburg und andere Theile der Umgebung stellen bereits ein ansehnliches Contingent jener unorthographischen Menschenclasse, die weder den Werth des Vermögens, noch den der Arbeit und Bildung kennt und darum an der eigentlichen Culturarbeit der Nation keinen Antheil nimmt. Mit dem Hauswirth söhnt sich Mancher wohl noch aus, aber diese Art Emporkömmlinge, deren Ernst brutal und deren Freundlichkeit hochmüthig zu sein pflegt, gilt überall als eine Art nusauberer Geister, die Rostflecken auf den blanken Schild der sauren Arbeit hauchten.

Zu diesen Classen gesellt sich noch die Sippe der „Gründer", welche aus der Wohnungsnoth und dem damit in Beziehung stehenden Häuser- und Bodenschacher emporwachsen, wie Pilze aus dumpfiger Erde. Sie sind weit entfernt, der Wohnungsnoth abzuhelfen, sondern durchsuchen sie nach schnödem Gewinn wie jene nächtlichen Räuber das grausige Schlachtfeld. Wie verwirrt die sittlichen Begriffe vieler Börsenhelden sind, das haben verschiedene Vorgänge grell beleuchtet; gab es doch selbst Leute, denen die Procente über den Patriotismus gingen, die bona fide dem Erbfeinde mitten im Kriege die Mittel zur Kriegführung gewährten. Freilich der Kundige bedurfte dieser Enthüllungen nicht, um die Pfade schärfer zu erkennen, auf dem unsere Geldaristokratie zu nicht geringem Theil wandelt, um einzusehen, daß es mit dem „Nadelöhr" seine vollkommene Richtigkeit hat. —

Man sieht aus dieser kurzen Charakteristik, daß die verschiedensten Gebiete unserer gesellschaftlichen Zustände ernste Mahnungen ergehen lassen, der Wohnungsnoth abzuhelfen, und es ergibt sich so von selbst die Frage, was soll zu diesem Zwecke geschehen?

Der Magistrat von Berlin hat in seiner Zuschrift vom 23. October 1871 an den Handelsminister in sehr präciser und richtiger Weise den Weg bezeichnet, der hierbei einzuschlagen ist:

Er glaubt, ein directes Eingreifen der Behörden in die wirthschaftliche Bewegung sei zu vermeiden, hält es dagegen für deren Aufgabe, ja Pflicht, innerhalb ihrer Zuständigkeit alle Hindernisse zu beseitigen, welche einer gesunden Entwickelung der hiesigen Wohnungsverhältnisse entgegenstehen und überall da fördernd einzugreifen, wo die zu ihrem Ressort gehörigen Anstalten und Einrichtungen dazu Gelegenheit bieten.

Die hauptsächlichste Ursache der hohen Wohnungspreise in Berlin liege in dem hohen Grund- und Bodenwerth. Die Stadt vergrößere sich factisch fortgesetzt an der Peripherie, so daß durch diese ganze Entwickelung das unbebaute Land an der Peripherie Schritt für Schritt die volle Qualification und damit den vollen Baustellenpreis erlangt, welcher sich mit der unvermeidlichen Nachfrage — und gewissermaßen monopolisirt — entwickelt. Damit aber wird jede Verschiedenartigkeit der Bebauung ausgeschlossen. Aus solchen Prämissen kann ewig nur die Miethskaserne emporwachsen wie die Sumpfpflanze aus dem Sumpfboden.

Darin liegt die naturwidrige Entwickelung der Stadt; man

kömmt bei der rapidesten Bewohnerzunahme nicht dazu, billiges Terrain zur Bebauung heranzuziehen, d. h. zu colonisiren und zwar in großem Maßstabe und systematisch zu colonisiren. Ewig baut man vom Centrum nach der Peripherie und prägt so künstlich Jahr für Jahr einem neuen Stücke des Weichbildes den unwirthschaftlichen Stempel eines gemeinschädlich wirkenden Monopols auf. Statt dessen baue man von einer möglichst weit gegriffenen Peripherie nach dem Centrum und rücke dem kranken Monopol-Boden mit massenhaften, gesunden Concurenzflächen auf den Leib.

Statt der Straßen vermehrt man in Berlin die Treppen; man thürmt Stockwerk auf Stockwerk, garnirt die Häuser mit Seiten-, Quer- und Hintergebäuden, man verbaut jedes Stückchen Garten, denn die Miethskaserne duldet nichts Grünes und läßt selbst die Höfe zwischen den Mauerkolossen zu engen dunkeln Röhren zusammenschrumpfen, die mit frischer Luft und warmen Sonnenstrahlen auf gespanntem Fuße leben.

In richtiger Würdigung dieser unnatürlichen Verhältnisse interessirten sich bereits vor Jahren die städtischen Behörden für die Herstellung eines Netzes von Pferdeeisenbahnen, ohne aber leider bei den betheiligten Staatsbehörden die zur Förderung der Sache nothwendige Unterstützung zu finden.

Wie jedoch der Magistrat in der bereits erwähnten Denkschrift an den Handelsminister selbst anerkennt, werden Pferdebahnen für sich allein nicht im Stande sein, in durchgreifender Weise auf eine Umgestaltung unserer Verhältnisse einzuwirken. Wer dies für Berlin nachweisen will, ist in der glücklichen Lage seine Deductionen mit handgreiflichen Beispielen belegen zu können. Die Gründe, die schon oft genug angeführt worden sind und sich von selbst ergeben, sind folgende:

1. Pferdebahnen sind für größere Entfernungen wegen der Langsamkeit ihrer Beförderung zu zeitraubend. Man braucht z. B. vom sog. Knie in Charlottenburg bis zum Kupfergraben in Berlin 35—40 Minuten je nach dem Warten an den Weichen. Rechnet man nur 5 Minuten von resp. bis zur Pferdebahn, so ergibt das schon etwas über $^3/_4$ Stunden; häufig genug, wenn man an der Station noch warten muß, da ja die Pferdebahn nie nach der Uhr

abgeht, sondern wenn der betr. Wagen eingetroffen ist, kommt man auf 50 Minuten. Ein guter Fußgänger braucht vom Hippodrom oder sog. Knie bis zur Schloßbrücke 55 Minuten. Niemand wird aber ein Communicationsmittel für großstädtische Verhältnisse zweckentsprechend nennen können, das auf Entfernungen wie die bezeichneten den Fußgänger blos um 5—7 Minuten überholt, überhaupt aber nicht im Stande ist, eine Entfernung wie die zwischen Berlin und Charlottenburg in durchschnittlich weniger als $^3/_4$ Stunden zu bewältigen.

2. Pferdebahnen haben a priori nicht die Leistungsfähigkeit, welche ein großstädtischer Verkehr, der sich oft auf wenige Morgen- und Abendstunden oder beim Vergnügunsverkehr auf die Nachmittagsstunden concentrirt, erfahrungsmäßig erfordert. Dies kann man täglich und nächtlich an der Charlottenburger Pferdebahn beobachten. Sonntag Nachmittag oder gegen Abend von Charlottenburg nach Berlin zu kommen ist ein Kunststück; Kunststücke soll aber kein normaler Verkehr voraussetzen. Ich will, um jedem Mißverständniß vorzubeugen, ausdrücklich bemerken, daß diese Ausführungen nicht im Mindesten gegen die Verwaltung der Charlottenburger Pferdebahn gerichtet sind, sondern gegen die Natur der Pferdebahnen überhaupt, über die ja auch die beste Verwaltung nicht hinaus kann.

3. Pferdebahnen sind ein zu kostspieliges Beförderungsmittel, können also von den unbemittelten Klassen der Bevölkerung nur in beschränktem Maße benutzt werden. Die Fahrt zwischen Berlin und Charlottenburg kostet $2^1/_2$ Sgr.; bei täglich einmaliger Hin- und Rückfahrt ergibt dies mit Ausschluß der Sonn- und Festtage etwa 50 Thlr. pro Jahr. Abonnements gewähren keine wesentlichen Vortheile, denn sie kosten 50 Thlr. pro Jahr für 1 Person und werden halbjährlich nur im Winter gewährt. Der Markenverkauf gewährt blos eine Ermäßigung von $2^1/_4$ Pf. pro Fahrt, verdient wohl also kaum der Erwähnung. Man sieht das sind Ausgaben nur für den Transport, die nicht für jeden zu erschwingen sind.

Und so kommen wir denn zu demselben Resultat, wie der Magistrat in der erwähnten Denkschrift:

„Nur Locomotiv-Eisenbahnen sind unseres Erachtens im Stande allen Ansprüchen eines regelmäßigen massenhaften Personen-Verkehrs zu genügen und vermöge ihrer Leistungsfähigkeit eine allen Classen der Bevölkerung zugängliche billige Communication aus dem gesammten weiteren Umkreise der Stadt nach dem Centrum derselben und aus letzterem nach allen Theilen der Peripherie herzustellen."

---

## II. Die wirksamste Abhilfe durch einen Dampf-Omnibus-Verkehr.

Mit obigem Satze sind die Grundlinien eines Dampfomnibus-Verkehrs richtig bezeichnet, welcher einerseits die vornehmsten Stadttheile Berlins unter sich, andrerseits die Hauptstadt mit ihrer gesammten baufähigen und bereits bebauten westlichen, südlichen, nördlichen und östlichen Umgebung verbindet.

Da nun gegenüber den unnatürlichen Wohnungsverhältnissen jedes Verkehrsnetz sofort eine Colonisation im großen Maßstab im Gefolge haben muß, so wird durch den Dampfomnibus das bebaute Gebiet der Stadt in kürzester Zeit vervielfacht, das bisher künstlich großgezogene drückende Monopol des städtischen Bodens wird durch eine frische, fröhliche Concurrenz gebrochen und der Häuserschacher bekommt die Schwindsucht. Die innere Stadt wird zu einem Centralpunkt für Geschäft und Vergnügen, wie sie die Großstadt fordert und bietet, die Umgebung gewährt dagegen natürliche und menschenwürdige Wohnungsverhältnisse mit allen Annehmlichkeiten des Landlebens und den unvergleichlichen Freuden der Mutter Natur.

Die Kinder können ihre freie Zeit „im Freien" verbringen, die schon der Wortbildung nach zusammengehören, wo sie spielend im engen Verkehr mit der Natur bleiben und die anregenden Geheimnisse der Thier- und Pflanzenwelt kennen lernen, während sie jetzt ihre Jugend in einförmigen Straßen und auf Plätzen verbringen, wo die wunderbare Einwirkung des Frühlings und der aufkeimenden, grünenden Natur ihnen meist verloren geht und sie von jener unruhigen und gefährlichen Atmosphäre der Großstadt umgeben sind, welche Gemüth und Phantasie nur stiefmütterlich entwickelt und cultivirt, während sie den Verstand frühzeitig und man möchte sagen im Uebermaß entwickelt und so dem Individuum die Tiefe nimmt. Die Masse der Eindrücke, welche der großartige Verkehr der Großstadt mit sich bringt, die tausenderlei neuen Gegenstände, die täglich in den Schaufenstern prangen und das Auge gefangen nehmen, die Unruhe, welche das ewige Leben und Treiben erzeugt — all' diese Eigenschaften der Großstadt verhindern das Individuum, sich zu vertiefen. Das Vertiefen aber ist die Voraussetzung für das selbständige Denken und Schaffen, und daher sagt Göthe mit Recht:

„Es bildet ein Talent sich in der Stille"

die aber eben der Großstadt fehlt. —

Wenn es wahr ist, daß aus dem characterisirten Nothstand uns in erster Linie ein zweckentsprechendes Bahnnetz befreien kann, so ist es gewiß höchst erfreulich, daß gegenwärtig zwei Projecte vorliegen, welche dieser Richtung zustreben: die Südwestbahn und die Centralbahn.

Es dürften wohl in der Entwickelung unseres großstädtischen Lebens nicht viel Fragen aufgetreten sein, welche so tief in die gesammten Interessen der Stadt und ihrer Bewohner eingreifen, wie diese Bahnen und sicherlich bedürfen sie der eingehendsten Betrachtung.

Um beide vom städtischen Gesichtspunkte aus genau betrachten, vergleichen und kritisiren zu können, wollen wir zunächst beider Wesen nach den über jede publicirten Schriftstücken characterisiren.

---

## III. Charakteristik der beiden Stadtbahn-Projecte.

### 1. Die Südwestbahn.

Sie soll „ganz besonders zur Entwickelung des Handels- und Güterverkehrs" beitragen; sie beabsichtigt zu diesem Zwecke eine Durchschneidung Berlins, „welche den Zu- und Abgang der Personen und noch mehr der Güter für das neue Bahnnetz außerordentlich erleichtert"; sie ist ihrer ganzen Anlage nach eine „große, von den östlichen Staatsbahnen ausgehende, Berlin durchschneidende, Charlottenburg, Potsdam, Halle, Leipzig und Erfurt berührende, bei Meiningen an die Bairischen Staatsbahnen anschließende Eisenbahn, welche den Weg nach Würtemberg (Stuttgart) um 12 Meilen, nach Elsaß-Lothringen und der Schweiz um 7 Meilen abkürzt"; sie will Berlin mit dem Süden des deutschen Reichs auf kürzestem Wege verbinden und es wird ausdrücklich betont, daß die neue Bahn für das ganze deutsche Reich eine allgemeine und hohe Wichtigkeit hat, indem sie die strategischen und Verkehrsinteressen nicht nur der von ihr berührten 7 Reichsstaaten (Preußen, Sachsen, Anhalt, Weimar, Gotha, Schwarzburg, Meiningen), sondern auch die von Baiern, Würtemberg, Baden, Elsaß-Lothringen in hohem Grade fördert, „daß eine solche Combination für das allgemeine Verkehrsinteresse von durchschlagender Bedeutung ist" ... und „daß durch diese Verbindung ganz überaus günstige Verhältnisse für die Rentabilität des Unternehmens begründet sind." „Die große Linie soll zahlreiche Gegenden neu aufschließen, viele industrielle Anlagen hervorrufen, Massen, welche bisher wegen Mangel an Transportmitteln still lagen, in Bewegung setzen und wird viele neue Anschlußbahnen ins Leben rufen." (S. 34 der Denkschrift.)

Von den weittragenden Interessen des deutschen Reichs und seiner einzelnen Staaten wendet sich nun die Denkschrift (S. 44) speciell den Berliner Verhältnissen zu und will mit dem vorgedachten großen Unternehmen eine Verbindungsbahn durch Berlin herstellen, welche nicht nur einen lebendigen Localverkehr durch die frequentesten Theile der Stadt, sondern auch die Verbindung unter den bestehenden Bahnhöfen herstellen und einen directen Verkehr über Charlottenburg nach Potsdam vermitteln soll.

Wie schon erwähnt, soll die Bahn hauptsächlich zur Entwickelung des Handels und Güterverkehrs beitragen. Da wo es nothwendig und zweckmäßig erscheint, werden Haltestellen angelegt. Die Güter werden im Straßen- und Uferniveau in die Eisenbahnwagen geladen und mit diesen durch Hebevorrichtungen in der allerbequemsten und leichtesten Weise auf das Bahnplanum gehoben. Durch die Fortführung mit Pferden zu betreibender, im Straßenniveau liegender Geleise in weitere Entfernungen wird angestrebt, die directen Güterverladungen in die Eisenbahnwagen in einem weiten Umfange auf die Stadt auszudehnen. Die Eisenbahn-Wagen fremder Bahnen (mit Ausschluß der 6- und 8rädrigen) werden direct in die Stadt geführt. So wird in Stadttheilen, welche bisher in der Entwickelung gegen andere erheblich zurückstanden, ein ungeahnter Aufschwung des Verkehrs und eine vollständige Umwandlung aller Verhältnisse eintreten (S. 19.). Der gesteigerte Verkehr wird unabweislich die Anlage neuer Straßen, Fluß- und Uferregulirungen zur Folge haben müssen. (S. 50.)

Neben den allgemeinen Verkehrsverhältnissen wird nun die Südwestbahn für besonders geeignet bezeichnet, dem immer größer werdenden Mangel an Wohnungen für alle Klassen der Bevölkerung abzuhelfen. Von Charlottenburg bis Potsdam durchschneidet die Bahn eine waldreiche Gegend, die fiscalisch ist. Der Staat wird deshalb aufgefordert durch Hergabe von Terrain billige Arbeiterwohnungen zu schaffen.

Charlottenburg und Potsdam sollen zu Theilen Berlins, ja sogar im eigentlichsten Sinne zu Vorstädten von Berlin ausgebildet werden.

Schließlich „hält sich die Gesellschaft unzweifelhaft versichert, daß ihr die Priorität gegen andere Unternehmungen gewährt wird."

Man sieht aus dieser Charakteristik, daß die Südwestbahn eine Verkehrsader in großem Styl ist. Sie benutzt mit großer Kunst Berlin mit seinen unerschöpflichen Hilfsquellen als Ausgangspunkt und mit Bezug auf die beiden Ostbahnen, an welche sie sich anlehnt, und die den 4. Theil des gesammten Berliner Güterverkehrs repräsentiren, mittelbar als Durchgangspunkt eines schon existirenden, nicht etwa erst zu schaffenden Güter- und Personenverkehrs; sie verbindet auf die directeste und deshalb engste Weise den Osten mit dem Westen und geht dabei von wirklich großen und weiten Gesichtspunkten aus. Von ihrem breiten Strom fällt dann schließlich, wie Brosamen vom Tische des Reichen, ein Zipfelchen für die Berliner Wohnungsnoth ab, das wir später mit der Lupe etwas genauer betrachten wollen.

## 2. Die Tracirung der Südwestbahn und ihre Consequenzen für die Stadt.

Welchen Weg sucht sich die Bahn durch Berlin aus? Welches sind die Motive für ihre Wahl? Sie schlägt ihre hauptsächlichsten Verkehrspunkte in den ältesten und älteren Stadttheilen auf, in Berlin, der Königsstadt, dem Stralauer Revier und der Dorotheenstadt.

Um nun den Einfluß gebührend zu beurtheilen, welchen jeder durch das Centrum geleitete oder von ihm ausgehende Zuwachs an Güter-Verkehr auf die bestehende Frequenz der Straßen wie auf die Benutzung jener innern Stadttheile als Sitz menschlicher Wohnungen überhaupt ausüben muß, ist es nöthig, einen Blick auf die Gestaltung des städtischen Communicationsnetzes und unsere Häuserquartiere zu werfen.

Die alten Stadttheile Berlins sind für sich räumlich nicht ausgedehnter als unsere kleineren Provinzialstädte; sie wurden zu verschiedenen Zeiten ausgebaut und blieben lange nach ihrer Entstehung in einer für sich abgeschlossenen Weise bestehen. Während andere Großstädte wie London, Paris, Wien ꝛc. eine centrale Bauart haben, einen vollständig erkennbaren, inneren großen Kern zeigen, an den sich die übrigen Stadttheile strahlenförmig anschließen, läßt Berlin keinen solchen Schwerpunkt erkennen, der den Verkehr in großen Schlagadern nach den verschiedenen Richtungen von sich wegtreibt und anzieht. Vielmehr giebt uns die Gestaltung des Berliner Straßennetzes sofort die Ueberzeugung, daß der gesammte Straßenverkehr der Stadt sich an die historischen Stadttheile anschließt und im Wesentlichen von dem individuellen Leben derselben dictirt wurde. Der geringe Verkehr, welchen die Bewohner des einen Stadttheils mit dem andern unterhielten, drängte sich an den Grenzen der communalen Verbände durch enge Passagen, in denen man noch vor kurzer Zeit die schmalen Pforten von Wällen und andern Befestigungen erkennen konnte.

Bei der allmäligen Einverleibung der Vorstädte wurden die trennenden Schranken mehr oder weniger verwischt, aber überall wo und so bald die Bevölkerungen der Stadttheile unter einander in Beziehung treten, machen sich sofort die durch die eigenthümliche

Entstehungsweise der Stadt hervorgerufenen Uebelstände dadurch geltend, daß die Verbindungen der Stadttheile unter einander sich als zum größten Theile unzulänglich herausstellen. Zum Beweis dieser Behauptung im Einzelnen beziehen wir uns auf den Plan über den „Straßenverkehr von Berlin" und die gleichnamige Abhandlung, welche im zweiten Jahrgang des „städtischen Jahrbuchs für Volkswirthschaft und Statistik" (Berlin 1868) publicirt worden sind. Auch liegt ein unbestreitbarer Beweis in der Geschichte der Berliner Straßendurchbrüche. Mit wenigen Ausnahmen sind alle in der letzten Zeit ausgeführten Straßendurchbrüche und Erweiterungen an Stadttheilsgrenzen ausgeführt worden und fast alle schwebenden Projecte haben denselben Charakter. Denn bei der in verschiedenen Zeiten erfolgten Anlage der Stadttheile wurden die Verkehrsbeziehungen nicht genügend berücksichtigt und man ließ natürlich nur die damaligen Verkehrsverhältnisse für die Straßenbreite maßgebend sein. So kommt es, daß wir noch in der Dorotheenstadt, einer verhältnißmäßig jungen Schöpfung, abgesehen von den Linden, die eine ganz exceptionelle Bestimmung erhielten, die Straßenbreite durchweg unzureichend bemessen finden. Recht auffallend zeigt sich dies bei der Friedrichstraße und Charlottenstraße in ihrem ältesten Theile, der jetzt der weitaus bedeutendste geworden ist, unmittelbar an den Linden, wo diese geringe Breite nach Süden auch gerade nur soweit geht, als die alte Dorotheenstadt, nämlich bis zur Behrenstraße. Und so kann man denn sagen, die eigenthümlichen Verkehrsbeziehungen Berlins im Gegensatz zu den meisten Hauptstädten, bestehen in dem Zusammendrängen des Verkehrs auf diese engen Passagen und in dem Mangel an Verkehrsadern, welche die entferntesten Punkte des Communicationsnetzes in der Richtung durch das Centrum verbinden. Die etwa bestehenden Verkehrsadern, wie die Friedrichstraße und Leipzigerstraße, sind auf nicht unbeträchtliche Strecken ihres Laufes ungebührlich eingeengt.

Hierzu kommt, daß gerade in den von der Bahn durchschnittenen und mit Güterbahnhöfen versorgten Stadttheilen eine auffallend gleichmäßige und äußerst dichte Bewohnung vorherrscht. Man ersieht dies auf einen Blick aus der Darstellung über die Dichtigkeit der Bevölkerung, welche ich dem Volkszählungsbericht pro 1867 beigegeben habe. Es läßt sich behaupten und beweisen, daß die dichte Bewohnung und der externe und interne Verkehr dieser Stadttheile in dem gegebenen Straßennetz schon ihr Maximum erreicht haben. Wer die Königsstraße passirt, kann das täglich beobachten. Nach officiellen statistischen Erhebungen besteht dort ein so starker Wagenverkehr, daß in einer Mittagsstunde 530 Fuhrwerke denselben Punkt des Fahrdammes passirten. In der Friedrichstraße, zwischen der Dorotheenstraße und den Linden passirten in einer Stunde als höchste Wagenzahl 620 und als höchste Fußgängerzahl 3520 denselben Punkt; dies ergibt also pro Minute 10 Wagen und 60 Fußgänger. In diesen Straßen aber und ihrer nächsten Umgebung lebt die Bevölkerung aller Berufs- und Vermögensclassen so dicht, daß auf jeden Menschen nur ein Raum von 0,9 bis 3 Quadratruthen der ganzen von Straßen, Häusern, Höfen ꝛc. besetzten Fläche kommt. Wie stark die Benutzung der alten Stadt Berlin, des Bezirks zwischen der Burgstraße und der neuen Friedrichstraße zu Wohnzwecken ist, geht daraus hervor, daß dieser Stadttheil bei einer räumlichen Größe von 260 Morgen (nach Abzug der Wasserflächen) über 32,000 Einwohner beherbergt. Denkt man sich also sämmtliche Häuser weg und läßt die gesammte Bevölkerung auf der Fläche dieses Stadttheils „antreten", so kommen auf je 2 Quadratruthen 3 Menschen!

Ein ähnliches Verhältniß liegt im Spandauer Revier vor, wo auf einer Fläche von 525 Morgen, in der ein beträchtliches Areal unbewohnten Landes, wie Monbijou, Garnisonkirchhof ꝛc. liegt, 71,465 Menschen wohnen.

Man sollte wohl denken, es käme bei Weitem mehr darauf an, solchen gegebenen Verhältnissen gegenüber die innere Stadt, wenigstens vom Güterverkehr, zu entlasten, statt sie noch intensiver damit zu beladen; und sicherlich erscheint es geboten, wenn an die Einwohnerschaft und die städtischen Behörden die Frage herantritt über eine Eisenbahn durch das Centrum und über die Consequenzen zu entscheiden, denen die Gemeinde entgegengeht, die Interessen und Beziehungen der Gesammtheit, nicht blos die der Industrie, zu dem neuen Unternehmen um so gewissenhafter zu prüfen, als eine Modification des gegenseitigen Verhältnisses für alle Zukunft ausgeschlossen bleibt.

Zunächst muß es Sache der Urheber des Projectes sein, in irgend einer greifbaren Weise den gewissen oder voraussichtlichen Vortheil desselben für die Einwohnerschaft zu charakterisiren. Dem gegenüber darf man wohl betonen, daß der in den verschiedenen Denkschriften der deutschen Eisenbahnbaugesellschaft häufig, nur in anderer Tonart, wiederkehrende Ausdruck: es würde das Bestreben der Südwestbahn-Verwaltung sein, das große Unternehmen so zu leiten, daß dasselbe vorzugsweise zur Hebung der Interessen der Reichshauptstadt und der naheliegenden Residenzen gereicht, in dieser Allgemeinheit nicht für genügend zu erachten ist, um jenen besondern Nachweis aller Vortheile zu ersetzen. Eine derartige allgemeine Zusicherung des guten Willens paßt schließlich auf alle von der Bahn berührten Ortschaften gleichmäßig; zieht man von ihr die Wirkung als captatio benevolentiae ab, so bleibt nichts übrig als eine Phrase die am wenigsten zu sagen hat im Munde einer Eisenbahngesellschaft. Eine solche hat ausschließlich die Aufgabe, möglichst gewinnbringend große Massen von Gütern und Personen zu spediren; an andern Zwecken und Interessen fährt sie fremd und kalt vorüber und fraget nicht nach ihrem Schmerz. Das Directorium kennt keine andern Gesetze, als diejenigen, welche das Interesse des Unternehmens dictirt und daneben die ungeschriebenen aber desto rücksichtslosern Gesetze der Concurrenz; Concurrenz aber ist nichts anderes als der Kampf ums Dasein auf wirthschaftlichem Gebiete. Wer von specifisch industriellen sog. Speculationsunternehmungen irgend ein Opfer für das Gemeinwohl erwartet, der denke doch an das hinter der Direction stehende Corps von spähenden und dividendelustigen Großcapitalisten, Gründern und gewissenlosen Geldjägern. Man verzeihe den letzteren Ausdruck, aber es scheint in der That zwischen Capital und Gewissen eine psychologische Relation zu bestehen; das letztere wird in demselben Maße kleiner als das erstere wächst.

Ebensowenig positiv sind folgende Erklärungen der Denkschriften: „In den Stadttheilen, welche bisher in der Entwickelung gegen andere erheblich zurückstanden, wird ein ungeahnter Aufschwung des Verkehrs und eine vollständige Umwandlung aller Verhältnisse eintreten“ (S. 19) sodann

„der gesteigerte Verkehr wird unabweislich die Anlage neuer Straßen-, Fluß- und Uferregulirungen mit Uferwegen zur Folge haben müssen“;

an einer andern Stelle, wo von neuen Straßenanlagen die Rede ist, heißt es (S. 7)

„die deutsche Eisenbahnbau-Gesellschaft wird zu dergleichen Communications-Verbesserungen sicher gern die Hand bieten.“

Was heißt denn aber „eine vollständige Umwandlung aller Verhältnisse“, „ein ungeahnter Aufschwung des Verkehrs“ in Stadttheilen und unter Verhältnissen, wie wir soeben geschildert haben. Die Consequenzen lassen sich in zwei Worte zusammenfassen: Straßendurchbrüche und Straßenerweiterungen!

So lange aber Eisenbahnen gebaut worden sind, haben die Eisenbahngesellschaften sich begnügt, die Schienenstraßen herzustellen; was in Folge des wachsenden Verkehrs an neuen Land- und Stadtstraßen geschaffen werden mußte, das haben sie wohlweislich sich vom Halse geschafft und den Gemeinden überlassen, denn zu Straßendurchbrüchen- und Erweiterungen vor Allem in der Großstadt gehören, gerade wie zum Kriege, drei Erfordernisse: 1) Geld, 2) Geld und 3) Geld. Was den Millionen gegenüber, mit denen die Südwestbahn die städtischen Finanzen bedroht, das zugesagte „Handbieten“ heißen soll, das bleibt unerfindlich, denn es läßt sich factisch nichts dabei denken. Der Stadtverordnete Streckfuß hat das große Verdienst, das erste Stück festen Boden innerhalb jenen allgemeinen Zusicherungen und Versprechungen geschaffen zu haben. Auf Grund seiner Interpellation wurde vom Magistrat der Herr Handelsminister ersucht, der Gesellschaft bei der etwaigen Concessionirung zur Bedingung zu machen, „daß sie diejenigen Anlagen neuer Straßen und Veränderungen resp. Erweiterungen bestehender Straßen, die lediglich nur der projectirten Güterstationen willen stattfinden müssen, auf ihre Kosten herzustellen habe.“

Es gibt Leute, welche außer sich über diesen vollkommen sachgemäßen Beschluß sind; sie sagen in Berlin komme factisch nichts zu Stande, weil man jeglichem Unternehmen von allen Seiten Schwierigkeiten bereite. Dieser Vorwurf trifft aber nicht Berlin allein, sondern jede Großstadt. Ueberall wo die Menschen dicht gedrängt und in großer Masse zusammenwohnen, da sind die menschlichen Interessen d. h. mit anderen Worten die menschlichen Leidenschaften besonders scharf zugespitzt. Jedes neue Unternehmen regt sie auf und hat deshalb gerade da einen härteren Kampf um die Existenz zu kämpfen, also weniger Chancen, zu Stande zu kommen. Das ist eben wieder ein Correctiv der großstädtischen Nachtheile. Wenn es eine Eigenthümlichkeit der Großstadt ist, daß sie nichts Großes zu Stande bringt, so wird man mit der Zeit wenigstens von ihrem Extrem zurückkommen müssen.

Jedenfalls ist der obige Beschluß für die Südwestbahn ein Damoklesschwert; sie war jedoch für dessen drohenden Charakter die Veranlassung, sie hat es selbst über ihrem Haupte aufgehängt und zwar durch ihre Tracirung, die ebendeshalb keine glückliche zu nennen ist, weil sie auf die vorliegenden Verhältnisse Berlins gar keine Rücksicht nimmt.

### 3. Die Centralbahn.

Dieselbe umfaßt die Anlage einer vollständigen Verbindung sowohl der vornehmsten Stadtviertel Berlins unter sich, als der ganzen Hauptstadt mit ihrer baufähigen westlichen, südlichen, nördlichen und östlichen Umgebung. In zweiter Linie beabsichtigt sie, den Personenverkehr der bereits bestehenden Bahnen und der in Bau begriffenen an geeigneten Punkten aufzunehmen und einen Uebergabeverkehr jener Routen untereinander im weitesten Sinne zu vermitteln und zu bewirken. Sie will Berlin entlasten und das unterbundene Blut vom Centrum nach der Peripherie treiben. Diese große Aufgabe will sie ganz und ausschließlich, deshalb bleibt in erster Linie der Verkehr mit Gütern und die Beförderung von Güterzügen überhaupt von ihren Linien ausgeschlossen.

Nach dem aufgestellten Entwurf nimmt die Centralbahn ihren Ausgang von einem in der Nähe von Wilmersdorf am Grunewald anzulegenden Bahnhofe, durchschneidet Charlottenburg und (mit Umgehung des Thiergartens) Berlin in seinen lebhaftesten Stadtvierteln und wendet sich über Treptow, Britz und Lichterfelde nach Zehlendorf, den Ausgangspunkt über Dahlem wieder erreichend. Diese Route bildet den südwestlichen Ring der Bahn. Bei Moabit zweigt sich der nordöstliche Ring ab, welcher namentlich die nördlichen Gebiete der Stadt, Reinickendorf, Pankow, Schönhausen und Buchholz, sodann die östlichen, Weißensee, Friedrichsfelde, Lichtenberg rc. der Colonisation erschließt und eng mit dem Innern der Stadt verbindet. Sie bildet auf diese Weise einen vollständig abgeschlossenen Ring, durch welchen die nach allen Richtungen der Windrose um Berlin herumliegenden größeren Ortschaften mit allen dazwischen liegenden, zahlreichen Colonien, Fabrikanlagen, Etablissements und ein überaus reiches Bebauungsterrain mit Berlin in engste Verbindung gezogen und jene Districte gewissermaßen zu Vorstädten der Capitale gemacht werden.

Außerhalb des Weichbildes der Stadt und in angemessener Entfernung von den betreffenden Ortschaften werden Haltestellen von vornherein überall angelegt, wo Ansiedelungen bereits existiren oder in nächster Zeit zu erwarten stehen. Die Entfernung der Stationen untereinander ist so bemessen, daß die Einwohner sie bequem in einer Viertelstunde erreichen können; dieselben werden somit, gleich denen der Umgebung von London, jeder Zeit in den coursirenden Omnibuszügen das Mittel zur Communication mit den Geschäftslokalen, den Bureaux und Läden, den Werkstätten und Fabriken der Hauptstadt finden.

## 4. Das Charakteristische beider Bahnen und ihre Wirkung auf die Wohnungsnoth.

Betrachtet man die Südwestbahn vom Standpunkt des wahren Interesses der Stadt Berlin, so wird ihr behauptetes Interesse für dieselbe unwahr.

Bekanntlich hat sich die deutsche Eisenbahnbau-Gesellschaft seit ihrer Constituirung die Aufgabe gestellt, große, dem allgemeinen Verkehrs-Interesse dienende, durch ihre ganze Situation eine dauernde Entwickelung und eine feste Rentabilität sichernde Unternehmungen in's Leben zu rufen. Wie sie selbst sagt, gab der Umstand, daß Berlin jetzt als Reichshauptstadt eine umfassende Bedeutung für das ganze vergrößerte Deutschland gewonnen hat, Veranlassung, vorzugsweise eine Linie ins Auge zu fassen, welche einen kurzen Weg nach dem Süden des vereinigten Deutschen Reichs und nach den neu hinzugetretenen Provinzen Elsaß und Lothringen bildet.

Aber sie will nicht wie alle andern in Berlin mündenden Bahnen einen großen Bahnhof anlegen und dort den Gesammtverkehr concentriren, sondern denselben vielmehr durch die ganze Stadt vertheilen nnd zu dem Ende eine die Stadt von Osten nach Westen durchschneidende, an die großen östlichen Staatsbahnen anschließende Linie bauen. Dieser Satz ist gerade umzukehren: die Vertheilung des Verkehrs durch die Stadt folgt aus dem Anschluß an die großen östlichen Staatsbahnen, aber nicht der Anschluß aus der Vertheilung.

Augenscheinlich liegt es im Interesse der Südwestbahn, ihre Linie direct an die großen östlichen Staatsbahnen anzuschließen, auf die ja die Verkürzung nach dem Süden nothwendig und mächtig wirken muß. Da nun diese in Berlin münden, so wird dieses zum nicht geringen Theil Durchgangspunkt. Man betrachte den Anfangspunkt der Südwestbahn, wo die Ostbahn und die Niederschlesisch-Märkische in dieselbe einmünden und verfolge ihre Linie durch Berlin, so erhält man sofort die Ueberzeugung: sie betrachtet Berlin als Durchgangspunkt und wählt deshalb ihre Linie so, daß sie auf dem kürzesten Wege aus Berlin herauskömmt.

Dieses Verfahren ist jedoch rücksichtslos gegen den Verkehr einer Großstadt, die sich historisch in eigenthümlicher und festgefügter Weise entwickelt hat.

Wer eine solche mit Güterstationen versehen will, die gewiß für ihr städtisches Leben an sich von dem bedenklichsten Einfluß werden können, der sollte nach dem natürlichen Verlauf der Dinge doch zuerst fragen: wo stellt sich in der Stadt nach der localen Gruppirung der Industrie das Bedürfniß nach Güterstationen heraus? wo gestattet überhaupt das Straßennetz und die vorhandene Straßenbreite die Anlage von Güterstationen?

Von solchen, einzig richtigen Gesichtspunkten geht jedoch die Südwestbahn nicht aus, sondern von der in ihrem Interesse nothwendigen Durchschneidung der Stadt von Osten nach Westen. Sie sucht sich nicht die Punkte, sondern ihr werden die Punkte von ihrer

Linie d. h. von ihren Interessen in die Feder dictirt, und zwar ganz rücksichtslos in Stadttheilen wo die dichteste Bewohnung herrscht und wo der Personen- und Güterverkehr bereits an Grenzen angekommen ist, die aus rein räumlichen Rücksichten nicht mehr zu überschreiten sind.

Genau nach denselben Principien wie beim Güterverkehr verfährt die Südwestbahn mit dem Personenverkehr. Auch hier kömmt es ihr gar nicht in den Sinn, von gegebenen Verhältnissen auszugehen und etwa zu fragen: nach welcher Richtung muß vor Allem Berlin entlastet werden, wo liegt das billigste Terrain, welches zu erschließen wäre; nach welchen Principien muß man bei einer Colonisation verfahren? Wie der richtige Speculant, der nichts kennt als seinen Vortheil, geht sie an die vorgebliche Abhilfe der Wohnungsnoth nur von dem Gesichtspunkte ihrer Interessen*), und wiederum wird ihr auch hier rücksichtslos gerade der Westen als günstigstes Terrain in die Feder dictirt, der an sich für jede Abhilfe der Wohnungsnoth am wenigsten geeignet ist, weil er traditionell die aristokratische Himmelsgegend ist, wo das Terrain längst nicht mehr nach Morgen sondern blos noch nach Quadratruthen verkauft wird. Von diesem Gesichtspunkte betrachtet, verblaßt in der That die Schönmalerei der verschiedenen Denkschriften in bedenklicher Weise.

Das Project, den Grunewald mit Villen und mit Wohnungen für die ärmere und Arbeiterbevölkerung zu bebauen, ist ein Rechnen mit fiskalischem Terrain, über das die Südwestbahn nicht zu verfügen hat, auf welches sie also auch keine versprechenden Aussichten eröffnen sollte. Man gebe sich daher keinen Illusionen hin, weder in dieser Richtung noch mit Bezug auf Charlottenburg und Potsdam. Charlottenburg ist von Berlinern schon jetzt überladen und leidet an derselben Wohnungsnoth und Miethsteigerung wie Berlin; und Potsdam hat trotz des schon bestehenden, relativ vollkommensten Eisenbahnverkehrs eine so verschwindend kleine Anzahl von Berlinern zum dauernden Wohnen anzulocken verstanden, daß die Südwestbahn wohl kaum den Stand der Dinge wesentlich ändern wird, zumal über

---

*) Ich bemerke hierzu ausdrücklich, daß ich es ganz selbstverständlich finde, wenn die Südwestbahn bei der Tracirung ihrer Linie sich von ihrem Interesse ausschließlich leiten läßt — ich fordere aber von jeder Speculation, daß ihre Interessen mit denen der Stadt zusammenfallen, denn nur dann speculirt sie richtig.

Charlottenburg hinaus der eigentliche Omnibusdienst aufhört. Die Anlage wird von hier ab eine zweigleisige und der Verkehr soll genau nach denselben Grundsätzen geregelt werden, welche auch bei allen übrigen Eisenbahngesellschaften maßgebend sind. Eisenbahnen mit Interessen weitergehender Verkehrsvermittelung haben aber kein Interesse an der Wohnungsnoth und an einem Berliner Personen-Localverkehr. Der Beweis dieser Wahrheit ist durch 8 von Berlin ausgehende Bahnen bereits erbracht, von denen keine etwas Erhebliches in dieser Richtung gethan hat, trotz Presse und Bedürfniß, die sich lebhaft genug geregt haben. In England, wo das Eisenbahnwesen ungemein intensiv entwickelt ist, trennt man deshalb scharf den Personenverkehr von dem Güterverkehr*), weil beide Zweige nur wenig oder gar keine Berührungspunkte gemein haben und nur durch diese Trennung die Bewältigung eines massenhaften Personenverkehrs überhaupt möglich wird. Auf Versprechungen einer durchgehenden, im Wesentlichen auf Güterverkehr berechneten Bahn, ist deshalb kein großes Gewicht zu legen; einer Bahn die Güter verspeisen will, werden ebendeshalb Personen nicht bekommen, so will es das Gesetz der Schienen.

Werfen wir dem gegenüber einen Blick auf die Aufgaben, welche sich das Project der Berliner Centralbahn gestellt hat, so kommen wir zu ganz andern Resultaten, und es kann in der That die Stadt Berlin mit Faust ausrufen:

Wie anders wirkt dies Zeichen auf mich ein!

Diese Bahn behandelt die Berliner Interessen nicht von dem vorgefaßten Gesichtspunkt einer engeren und möglichst directen Verbindung des Südwestens mit dem Nordosten, sondern ihr Project wächst ganz unmittelbar aus einem Berliner Nothstand hervor, der auf allen Lebensverhältnissen der Stadt lastet wie der böse Kobold Alb. Sie geht dem entsprechend keinen Schritt weiter als die Interessen der Stadt, construirt ihre Linien naturgemäß auf der Basis der gegebenen Verhältnisse und hat ihre gesammte Theorie

*) Ich beziehe mich hier auf das anerkannte und mit Bezug auf städtische Eisenbahnen sehr verdienstliche Schriftchen des Kgl. Baurath Schwabe über das engl. Eisenbahnwesen. (Berlin 1871.)

auf die jahrelange Londoner Praxis gebaut, die dort eine Wohnungsnoth nie hat aufkommen lassen. Mit erprobtem und wohleingeschossenem schweren Geschütz rückt die Centralbahn dem Feinde der naturgemäßen Entwickelung unserer Hauptstadt scharf auf den Leib, ohne Zersplitterung der Kräfte; der Berliner Nothstand ist zunächst ein Nothstand der Personen und nicht der Güter, deshalb schließt sie letztere von ihren Linien aus. Was der Centralbahn Hauptzweck ist, das ist der Südwestbahn Mittel zum Zweck — und darin liegt ein immenser Unterschied.

Der eigentliche und einzig richtige Prüfstein, an dem Berlin den wahren Werth beider Bahnen erkennen kann, ist die Wohnungsnoth. Alle andern Vortheile, die sie bringen, sind sekundärer Natur und können deshalb augenblicklich in den Hintergrund treten. Prüfen wir dieselben von diesem Gesichtspunkt, so ergiebt sich eine große Verschiedenheit, die ich so scharf als thunlich pointiren will.

Die Südwestbahn ist eine Industriebahn und hat ihrem Wesen nach mit der Wohnungsnoth nichts zu thun, ja man kann noch einen Schritt weiter gehen und nachweisen, daß sie dieselbe nicht nur nicht vermindern, sondern im Gegentheil noch vermehren wird. Dies wird sie thun, auch wenn sie es nicht wollte, denn ihr Wesen ist ihr Wille, nicht ihre Denkschriften. .

Die Wohnungsnoth ist ein Erzeugniß verschiedener Factoren, aber entschieden der bedeutendste Factor ist die industrielle Entwickelung Berlins, denn diese bewirkt den unmäßigen Zuzug: 73 % dieses Zuzugs, wie ich für 1871 im VI. Jahrgang des „städtischen Jahrbuchs für Volkswirthschaft und Statistik" nachgewiesen habe, strömt der Industrie und dem Handel zu und zwar darunter

79,500 Seelen (63 %) der Industrie und blos
12,800 „ (10 %) dem Handel und Verkehr.

Nun will die Südwestbahn, wie wir sahen, in der Hauptsache der Industrie und dem Handel dienen; „sie will zahlreiche Gegenden neu aufschließen, viele industrielle Anlagen hervorrufen, Massen, welche bisher wegen Mangel an Transportmitteln still lagen, in Bewegung setzen" u. s. w. Die Verbindungsbahn durch Berlin ist ihr blos Mittel zum Zweck, Rentabilitätsfactor, wie sie selbst auseinandersetzt.

Da die Wohnungsnoth Folge des industriellen Aufschwungs von Berlin ist, so wird jedes Unternehmen die Wohnungsnoth steigern, das diesen industriellen Aufschwung künstlich vermehrt. Ein ungeahnter Aufschwung einzelner Stadttheile, wie ihn die Südwestbahn verspricht, hat daher ungeahnte Vermehrung der Wohnungsnoth zur Folge.

Aber ist nicht die industrielle Bedeutung der Südwestbahn für Berlin allein genügend zu ihrer Concessionirung?

Man gestatte mir zur Beantwortung dieser Frage ein offenes Wort über die laut gepriesene und sprichwörtlich gewordene „großartige Entwickelung Berlins".

Dies Wort ist nicht mehr und nicht weniger als eine geflügelte Phrase, auf die man ernstlich Jagd machen muß, als ein Irrthum, der als solcher stets Gift in seinem Innern trägt. Berlins „colossaler Aufschwung", wie er sich in den letzten zwei Jahren documentirt hat, ist leider nur extensiv, gar nicht intensiv; er ist nichts Anderes und Besseres als eine Hypertrophie, eine Ueberladung mit schlechten Nahrungsmitteln, also eine Krankheit. Allzuviel ist ungesund. Jeder gesunde Organismus wird krank, wenn man ihn überfüttert, und so ist denn auch Berlin krank geworden: es verliert mit jedem Jahre mehr den Charakter einer Gemeinde und wird zu einem Chaos mechanisch nebeneinander liegender massenhaft ab- und zuströmender Menschen-Atome, welche jeder Verwaltung spotten, weil ihnen jeder gemeinsame Gedankenkreis fehlt. Denn die Einheit, welche eine Stadt bildet, ist nicht ursprünglich gegeben, sondern sie entsteht erst durch Verschmelzung vieler ungleichartiger Bestandtheile, welche in Berlin sich nicht mehr vollziehen kann.

Die Wohnungsverhältnisse sind unerträglich, die Gesundheitsverhältnisse werden immer bedenklicher, denn fast zu jeder Zeit herrscht neuerdings eine Epidemie, und gewiß verdient als Charakteristicum angeführt zu werden, daß sich in den städtischen Krankenanstalten in der Zeit, wo der Zuzug besonders stark ist, gegen 300 „Fußkranke" befanden, d. h. Leute, die mit schlechtem Schuhzeug eingewandert sind und in den ersten Tagen ihrer Arbeit wunde Füße bekamen. Es scheint dies zu einer neuen Epidemie zu werden, die man nach ihrer Ursache die Freizügigkeitsepidemie nennen könnte. Als Mittel- und Obdachlose verfielen diese bisher in solcher Zahl unbekannten Kranken alsbald der städtischen Verpflegung. Aus solchen Elementen setzt sich die „wachsende Größe" zusammen, und es kann deshalb nicht befremden, daß auch die Unsicherheit der Person und des Eigenthums erstaunliche Fortschritte macht. Die Sittlichkeit ist im Abnehmen, die Rohheit wuchert wie die Wasserpest. Die Arbeiter- und Dienstbotenverhältnisse sind auf dem besten Wege zu einer Landplage zu werden. Die Schulen leiden an Raum-Mangel und die Kirchen an Raum-Ueberfluß.

Gehen wir einen Schritt weiter und betrachten wir die Sache von einem allgemeineren Standpunkt, beschauen wir einmal die ganze Pyramide, von der Berlin die Spitze bildet. Man nennt unser Zeitalter das industrielle. Wo man hin hört, predigt man die Segnungen und Fortschritte der Industrie; in schnellerem Tempo als nothwendig veranstaltet man internationale Industrie-Ausstellungen und läßt bei solchen Gelegenheiten sogar die Sperlinge auf den Dächern predigen, wie es die Menschen so herrlich weit gebracht. Es wird aber nachgerade Zeit sich einzugestehen, daß auch fast alle krankhaften Seiten unseres Lebens vorwiegend Producte dieses industriellen Charakters unserer Zeit sind. Mit dieser Behauptung schwimme ich gegen den Strom der Zeit und weiß sehr wohl, daß man von jeher gegen solches Beginnen unbillig gewesen ist. Wer in herrschende Vorstellungskreise der Menschen, die stets bis zu einem nicht geringen Procentsatz Vorurtheile sind, störend einzugreifen versucht, der erregt meist nicht Widerspruch, sondern zuerst blos ein mitleidiges Lächeln. Es ist eben das charakteristische Zeichen herrschender Vorstellungen, daß sie für andere Ideen keinen Raum lassen und mit dem Papst den sicher nicht beneidenswerthen Unfehlbarkeitsdünkel gemein haben.

Dies soll mich nicht hindern meine Ansichten auszusprechen, denn jeder Mensch der etwas Vernünftiges oder Unvernünftiges behauptet, kann sich damit beruhigen, daß auch die Ideen einen Kampf um die Existenz kämpfen, der ganz von selbst das Unvernünftige begräbt und das Vernünftige auf den Schild hebt.

Betrachtet man das Wesen der industriellen Gesellschaft*)

*) cf. Schwabe, Betrachtungen über die Volksseele von Berlin. S. 19. (Berlin, J. Guttentag, 1870.)

so betrachtet man auch alle krankhaften Seiten unseres Berliner Lebens. Ihr Wesen besteht kurz gesagt in der Herrschaft des Capitalbesitzes über sämmtliche Bewegungen des Güterlebens. Dadurch daß das Capital ein arbeitsloses Einkommen gewährt, wird es als Bestes in mehrfacher Richtung der Feind des Guten; es degradirt die Arbeit und drückt den Arbeitenden den Stempel von Abhängigen auf. Mit seiner wachsenden Macht in bestimmten Händen wirkt es erdrückend auf die unternehmende Kraft kleiner und mittlerer Capitalcentren, vernichtet den Mittelstand und schafft statt der feudalen eine neue herrschende Classe, die noch ungleich härter ist und der statt des ländlichen ein städtisches Proletariat gegenübersteht, was eben deshalb ungleich gefährlicher ist.

Durch große Capitalcentren wird nun das Streben nach Gewinn sehr bald von der beschwerlichen Bahn der Arbeit im Schweiße des Angesichts auf die glatte Eisbahn des Capitalerwerbs ohne Arbeit d. h. auf das Gebiet der Speculation gedrängt. Die Arbeit rechnet nach Jahren und Jahrzehnten — die Speculation nach Tagen und Monaten; „ultimo“ erwartet sie ihren Segen oder Unsegen. Unter ihrer Führung beginnt jene Jagd nach dem Glück — mit dem Abgrund vor des Rosses Hufen und dem volkswirthschaftlichen Tod hart an der Seite. Gründungen schießen aus der Erde und endigen mit einem regelmäßigen Procentsatz von Bankerotten, die stets ein Symptom gesteigerter industrieller Entwickelung sind, und es ist wahrlich eine beißende Ironie des Weltgerichts, daß die Ouvertüre zur großen Wiener Industrie-Ausstellung in einer Selbstmordepidemie und allgemeinem Pleite besteht. Die letzten Ausläufer der Speculation sind das Börsenspiel und die Schwindelei, welche im Streben zum Reichthum unbedenklich den letzten Bodensatz von Gewissen und den letzten Grund- und Haarstrich eigner Thätigkeit hinwegwischen. An die Stelle jeglichen Werthes tritt bei ihnen der Scheinwerth und das Scheinmanoeuvre und bald entsteht der Glaube, man sei unter solcher Form zum Betruge berechtigt. Bei solchen Anschauungen erzeugt jede Börse ihre „Halsabschneider“ und solchen Leuten gegenüber möchte man wahrlich wie Timon von Athen die eigentlichen Banditen umarmen und ihnen danken, daß sie offene, zünftige Diebe sind, die nicht an die Börse gehen und dort in aller Form, ohne alle Grenzen aber mit allen Ehren auf Raub ausgehen.

Sind dies in wenigen Zügen die üblichen Wege des großen Capitals und seiner Consequenzen, so erkennt man daraus zur Genüge die damit verbundenen psychologischen und jedenfalls höchst bedenklichen Einflüsse auf das Individuum und die Gesellschaft.

Die Genüsse, wie sie nur das Capital gewährt, werden zum Maßstab menschlicher Glückseligkeit; die Zahl der Nullen bestimmen den innern und äußern Werth des Menschen; die Materie, der Geldsack macht sich breit und verscheucht das Ideal und die Poesie. An die Stelle von gemüthlichen und geistig anregenden Verkehr tritt im geselligen Leben der Magen. Nach den verschiedenen Weinen und Fischgerichten mißt man den Werth der Gesellschaft. Wer ohne Capital ist, wird mit innerem Mitleiden über die Achsel angesehen und wer vermögend ist und sich einem sonst geachteten Beruf widmet, wird in der Gesellschaft vorgestellt etwa als „junger Künstler oder Gelehrter", doch mit dem die Mißachtung desinfizirenden Zusatz: „Braucht's aber nicht". Das Geld wird zum Götzen und absorbirt alle Kräfte; während sonst die Leute falsches Geld machten, macht das Geld jetzt falsche Leute — alles wird käuflich, schließlich der Mensch selbst. Und weiter bringt der Mammonismus, „our mutual friend", sogar in das Heiligthum der Familie und der Liebe; er schließt die Ehen und wählt die Freunde aus. Um es mit einem Worte zu charakterisiren, der „M a t e r i a l i s m u s" wird zum Losungswort der Gesellschaft.

Aber die industrielle G e s e l l s c h a f t s o r d n u n g mit dem C a p i t a l als Associé hat noch andere beachtenswerthe Consequenzen.

Bei allen industriellen Unternehmungen kommt es schließlich auf einen möglichst niedrigen Preis der Fabricate an. Wo deshalb die kleinen und mittleren Unternehmer von den amortisirten großen Unternehmern zu sehr gedrückt werden, da beginnen sie fast unwillkürlich, zuerst im Kleinen, dann fortschreitend jene Verschlechterung der Waaren. Doch bald wird die Unreellität, die lüderliche Arbeit, die Täuschung und schwindelhafte Reclame zur Maxime und schreckt gewissenlos vor nichts zurück, selbst nicht vor Verfälschung der Nahrungsmittel mit den schädlichsten Stoffen und Bestreichung der Kinderspielsachen mit giftigen Farben — Dinge, gegen welche die permanenten betrügerischen Auctionen noch Kinderspiele sind. Sein oder Nicht-Sein — nein — Verdienen oder nicht verdienen — das ist die Frage; auf eine Vergiftung mehr oder weniger kommt es nicht an. Ist es nicht ein sprechender Beweis für die schnöde Gewissenlosigeit der Fabricanten, wenn die Polizei gezwungen ist, durch periodische Bekanntmachungen in den Zeitungen das Publikum vor allerhand vergifteten Gebrauchsgegenständen zu warnen?

Gebrauchten grünen Thee kauft man auf und macht ihn auf heißen Kupferplatten mit Grünspan wieder frisch; Butter, Mehl, Wein, Bier, klarer Zucker, Zimmt — Alles wird gefälscht und zwar mit Stoffen, bei deren Nennung sich jedem die Haare sträuben. Cigarrenkisten werden zu klarem Zimmt vermahlen, Mostrich wird fabricirt aus Rapskuchen, Schüttgelb, Essig und Cayenne-Pfeffer d. h. aus Gegenständen, die wiederum gefälscht sind, denn der Essig besteht aus Wasser und Schwefelsäure, der Cayenne-Pfeffer aus rothem Bleioxyd und das Schüttgelb aus Lehmpulver.

Man sieht, auch auf anderen Gebieten gedeiht eine Art von Gründern, d. h. von Leuten, die auf eine arbeits- und gewissenlose Weise reich werden wollen und wenn irgend wo so sollte auch hier die öffentliche Meinung rufen: ein Königreich für einen Lasker!

Neben der gefälschten Arbeit florirt ferner die unsolide Arbeit. Auch diese Richtung hat in Berlin schon eine bedenkliche Höhe erreicht; nirgends wird leichtfertiger und unsolider gearbeitet als hier. Von 100 Berliner Thür- oder Möbelschlössern pflegen blos 5 wirklich zu schließen. Ein Möbelhändler in Petersburg, in dessen Schaufenster Berliner Möbel standen, erklärte, als ich mich nach seinem Urtheil über die Fabricate erkundigte: ich habe früher bedeutende Geschäfte mit Berlin gemacht und aus dieser Zeit stammen noch diese Möbel. In letzter Zeit wird in Berlin so lüderlich gearbeitet, daß ich nicht ein Stück mehr von dort beziehe, sondern Alles von Wien und Hamburg entnehme. Genau so klagt jeder Familienvater über die oberflächlichen Tischler- und Tapezierarbeiten; ein Gast, dessen Schwere einige Pfund über das landesübliche Zollgewicht des mittleren Menschen hinausragt, kann sich nur mit Lebensgefahr auf die modernen Berliner Stühle setzen.

Als kürzlich in einer Versammlung die wirthschaftlichen Nachtheile des Verschwindens der kleinen Meister für das Gebiet der häuslichen Reparaturen betont wurde, erkärte ein Großindustrieller: wir werden bald dahin kommen, daß wir mit Maschinen so und so viel verschiedene Sorten Stühle ständig fabriciren. Der Reiche kauft sich Stuhl No. 1, der Arme Stuhl No. 6. Diese werden so billig hergestellt, daß wenn ein Stuhl zerbricht, es sich nicht lohnt ihn repariren zu lassen; man wirft ihn einfach weg und kauft einen neuen!

Nun in der That, wenn die Industrie solchen Zuständen zutreibt, so mögen wohl die Maschinen immer mehr zu Menschen, aber sicherlich die Menschen auch immer mehr zu Maschinen werden, zu Wesen ohne Lust und Liebe, ohne Empfindungen und Erinnerungen, ohne Neigung für das was sich leicht und harmonisch zusammenfügt und ohne Abneigung gegen das, was eckig, hart und gewaltsam ist. Man sieht, jener Maschinen-Materialist ist, wenn auch sicherlich nicht für sich, bereits hinaus über die veredelnden Wirkungen eines Haushalts, in dessen Bereich auch die Gegenstände des täglichen Gebrauchs über die ängstliche Form ihres Zweckes hinaus mit Grazie umspielt sind, und neben dem Dienst zu dem sie da sind, die schöpferische Phantasie wiederspiegeln, die sie erfand, und den sinnenden Geist, der sie nach seiner Individualität wählte und aufstellte. Er macht einen gefühllosen Strich durch die häusliche Harmonie der nicht industriellen Creaturen: ihre Möbel sind ihm Nummern.

Bedenkt aber dieser Maschinist auch die ethischen Wirkungen seiner Ideale? — weiß er auch, daß das Nummersystem weiter um sich frißt? — Ohne jenen idealen Zauber, jene stillen Reize und jene belebenden Freuden einer harmonischen Häuslichkeit gedeiht weder das Gefühlsleben der Jugend noch vermag die vollkommenste physische Manneskraft ihre Gefühlstiefe zu bewahren; sie geht zollweise verloren und wem heute die täglich ihn umgebenden Gegenstände seines Haushalts bloße Nummern sind, dem werden über ein Kleines seine Frau und seine Kinder auch zu Nummern herabsinken.

Dickens, der in seinen Romanen das gesellschaftliche Leben Englands in seinen verschiedenen Richtungen so meisterhaft zu charakterisiren versteht, hat in „Hard times“ auch von dem industriellen

Materialismus ein sprechendes Bild entworfen. Dort sieht man, zu welchen Resultaten man gelangt, wenn herzloser Egoismus und Ausbeutung in ein System gebracht werden. Die Berliner Gesellschaft zeigt in der That schon bedenkliche Symptome jener Richtung, die so offenkundig zu Tage getreten und besprochen worden sind, daß man hier sie nicht zu charakterisiren braucht.

Aber jenes Streben nach niedrigen Preisen verschlechtert nicht blos die Producte, sondern arbeitet auch auf ein System der Production hin, bei dem schließlich Alles auf niedrigen Arbeitslohn ankommt. Hiermit entstehen in der industriellen Gesellschaftsordnung zwei Extreme: Arbeiter, die zum weitaus größtem Theile Proletarier sind, d. h. Leute, die von der Hand in den Mund leben — und Capitalisten. Aus einem System des niedrigen Arbeitslohnes mußte natürlich eine Conspiration für hohen Arbeitslohn hervorwachsen; die Strikes wucherten demgemäß wie das Gras nach einem warmen Regen.

Und so haben wir denn in Berlin auf der einen Seite das Geldmenschenthum, das Capital und die Speculation mit allen wirthschaftlich ungesunden Auswüchsen und Consequenzen der Emporkömmlinge, Capitalisten, Gründer und anderer Elemente, welche ohne Arbeit reich werden — auf der andern Seite eine durch die Wohnungsnoth von Stufe zu Stufe herabgedrängte, nach Obdach suchende Bevölkerung, die für jene ungesunden Zustände ein feines Gefühl hat; sie reflectirt und vergleicht und erfüllt sich mit Neid, Haß und Feindschaft, die in dem Classenhaß immer schärfer hervortreten, zumal derselbe noch von rothen und schwarzen Wühlern geschürt wird. Mit andern Worten die industrielle Gesellschaftsordnung mündet hiermit in den breiten Strom der socialen Frage, welche mehr als einmal, wenn auch vorläufig zuerst und zuletzt in Paris, mit vernichtender Gewalt alle gesellschaftlichen Schranken durchbrochen hat. Die sociale Frage ist wahrlich nichts weniger als eine Frage; sie ist eine logische Consequenz der industriellen Gesellschaftsordnung — die als solche der Staat zu leiten und zu beschränken, aber nicht wie bisher-manchesterlich groß zu füttern hat.

So alt auch die socialen Bewegungen sind, schwerlich dürfte man in ihrer Geschichte eine Periode finden, in der die Gedanken, die Energie und die Leidenschaften der Menschen so intensiv und so allgemein erregt waren, wie in der Gegenwart; indem diese Raum und Zeit aus dem Wörterbuche der Gesellschaft zu streichen versucht und jeglichen Bestrebungen in speciellen Preßorganen eine unberechenbare Macht verleiht, gibt sie den treibenden Menschenkräften eine ganz andere, mit allen bisherigen Verhältnissen nicht zu vergleichende Wirkung. Es ist heutzutage ebenso unmöglich, einen industriellen oder socialen Krieg zu localisiren wie einen politischen.

Es hat sich in der neueren Zeit eine Richtung in den Gesellschaftswissenschaften geltend gemacht*), welche die menschliche Gesellschaft lediglich als eine Fortsetzung der Natur, als eine höhere Potenz derselben Kräfte auffaßt, die allen Naturerscheinungen zu Grunde liegen.

Diese Auffassung hat Vieles für sich, und wenn sie wahr ist, so vergesse man nicht, daß demnach die menschliche Gesellschaft, ähnlich wie die Natur in Feuer, Wasser und Sturm, ungeahnte, plötzlich auftretende und deshalb gerade fürchterliche und oft unbezwingbare Kräfte in ihrem Schoße birgt, an denen menschlicher Wille überhaupt oder staatsmännische Macht und Kraft zerschellt wie ein starkes Schiff an einem Felsenriffe. —

Wenn diese wirthschaftlichen, socialen und ethischen Mißstände die nachweisbaren, auch dem blödesten Auge erkennbaren Consequenzen der industriellen Gesellschaftsordnung und Entwickelung sind, so sollte man endlich aufhören, die schrankenlose industrielle Entwickelung als eine nationale oder städtische Wohlthat in den Himmel zu heben. Hinweg mit solchen Phrasen — die Wahrheit wird Euch frei machen.

Und finden sich Leute, welche dieser verderblichen Richtung noch goldene Brücken bauen und im Herzen der Stadt Güterstationen errichten wollen, so sollte man wahrlich sonntägig für dieselben beten lassen: Vater vergib ihnen, sie wissen nicht was sie thun!

---

*) C. Frantz, die Naturlehre des Staates. Lpz. 1870. — Der Staat und die bürgerliche Gesellschaft. Ein naturwissenschaftl. Versuch von F. B. Berlin 1870. — P. L., die menschliche Gesellschaft als realer Organismus. Mitau 1873.

Denn man darf nicht vergessen, daß jene eben charakterisirten allgemeinen Wirkungen des industriellen Materialismus in jeder Großstadt, vor Allem aber in Berlin sich so zu sagen zum raffinirtesten Extract condensiren.

Seit die Eisenbahnen als Transportmittel, und der Dampf, das Gas ꝛc. als Motoren den natürlichen Standort der einzelnen Industriezweige verändert haben, sind diese nicht mehr an Wasserkraft, an Kohlen- und Holzdistricte und andere Productionsfactoren gebunden, sondern wählen mit Vorliebe zu dem Schauplatz ihrer Thätigkeit die Großstädte, welche damit vorherrschend zu Industriestädten, d. h. zu Punkten werden, in denen sich neben den gesunden die krankhaften Seiten unseres Industriezeitalters besonders zuspitzen.

Nun haben aber Großstädte eine umfassendere Mission, als blos Tummelplätze der Industrie zu sein: sie sind Heerde der Kunst und Wissenschaft, in ihnen concentrirt sich das geistige und politische Leben, sie sind Sitz der Universitäten und aller denkbaren Bildungsanstalten, sie sind Residenzen regierender und nicht regierender Fürstenhäuser und Garnisonsorte großer Truppenkörper, sie sind die naturgemäßen Standorte der centralen Behörden für die gesammte Staats-, Militär-, Rechts- und Corporationsverwaltung, sowie für Kirchen- und Schulwesen, in ihnen concentrirt sich das gesammte Verkehrswesen, insoweit es in Börsen und Banken, in Post-, Telegraphen- und Transportwesen seinen Ausdruck findet u. s. w. Was haben alle diese in Berlin lebenden Träger des geistigen und Culturlebens der Nation verbrochen, daß sie durch Güterstationen an ihrem Nervenleben geschädigt und um ihr ruhiges Schaffen gebracht werden sollen? Die normale Entwickelung einer Großstadt bedingt eine harmonische Förderung der gesammten Lebenszweige, die in ihr pulsiren, diese fehlt aber Berlin gänzlich; es findet eine einseitige Ueberwucherung des Industrie- und Handelslebens statt, während andere für die menschliche und speciell großstädtische Entwickelung ebenso wichtige Kreise, z. B. das Universitätsleben, entschieden zurückgehen. Wie man über einen Fürsten lächeln würde, der in seiner Hauptstadt ausschließlich die Kunst künstlich züchtet und emportreibt, so ist auch eine Richtung zu tadeln, welche die Großstadt zu einem Treibhaus der Industrie macht.

Wer die Dinge objectiv betrachtet, der erinnert sich, daß die wirthschaftliche Entwickelung, wie jede andere in Spiralen oder wenn man will in Extremen fortschreitet. Ein Jahrhundert lang herrschte das Merkantilsystem, welches den auswärtigen Handel als Reichthumsquelle künstlich poussirte, dann kam das physiokratische System, welches den Landbau für die einzig wahre Quelle alles Reichthums erklärte; ihm folgte Adam Smith, der weder in dem Geld noch in dem Grund und Boden den Reichthum der Nationen fand, sondern in der menschlichen Arbeit angewendet auf den Boden und seine Erzeugnisse. Aus seiner Lehre hat nicht Smith selbst, sondern die Nachwelt das Industriesystem gemacht und aus dem Industriesystem machte man schließlich sogar das industrielle Zeitalter. Ein industrielles Zeitalter ist aber sicherlich ebenso falsch, weil ebenso einseitig wie weiland das merkantile oder physiokratische Zeitalter.

Und man glaube doch nicht, daß man der Industrie mit solcher einseitigen Auffassung einen Dienst leistet; man treibt sie damit nur um so schneller dem Punkte der Spirale zu, wo die rückläufige Bewegung beginnt. Die Verkennung dieser Wahrheit ist die wunde Stelle des Manschesterthums und unserer von seinen Principien durchdrungenen wirthschaftlichen Staatsverwaltung; diese denkt über ihre Aufgabe wie Mephisto über die Medicin:

> Man durchstudirt die groß' und kleine Welt,
> Um es am Ende gehn zu lassen
> Wie's Gott gefällt.

Und wenn mich etwa ein enragirter Manchestermann mit der beliebten manchesterlichen Bewegung des rechten Zeigefingers nach der Stirne fragte: Was? sollen wir etwa die Industrie aus Berlin hinauswerfen? — so antworte ich: Nein. Laissez faire et laissez aller! Ihr habt sie durch Eure sogenannte Freiheit der Bewegung in kürzester Zeit schon so weit gebracht, daß sie bereits anfängt sich höchst eigenhändig aus Berlin hinaus zu werfen. Denn es ist unverkennbar, daß sich gegenwärtig eine Gegenströmung in der Berliner Industrie vollzieht.

Kein Mensch wird die Factoren unterschätzen wollen oder können, welche die Industrie nach den großen Städten ziehen: das angehäufte Capital, welches die Lebensluft für die heutige Industrie ist, die durch Bildungsanstalten gehobene Intelligenz der Arbeiter und Unternehmer, die weitgehende Arbeitstheilung, welche dem Kaufmann den Vertrieb überläßt und dem Fabrikanten gestattet, sich auf die Erzeugung zu concentriren. Dazu kömmt noch, daß die Großstädte schon aus volkswirthschaftlichen Gründen Industrie treiben müssen.

Aber die Großstadt als Fabrikstadt hat auch ihre Grenzen: der theure Lebensunterhalt und die enormen Miethen treiben fortdauernd die Arbeitslöhne in die Höhe. Die von der Industrie hervorgerufene massenhafte Anhäufung von Menschen, welche die Aufnahmefähigkeit der Großstadt übersteigt und einen Assimilirungsproceß aus rein quantitativen Ursachen unmöglich macht, erzeugt sociale, physische und moralische Krankheiten, welche auf die Industrie stark rückwirken; die schreckenerregende Wohnungsnoth, die Theuerung der Läden und Werkstätten, das Damoklesschwert der Kündigung oder Steigerung raubt der industriellen Thätigkeit ihre Ruhe. Große Tischlereien, die polizeilich genöthigt sind, einen feuersichern Keller für Spähne zu halten, können sich denselben nicht mehr einrichten, weil die eventuell kurze Zeit des Miethsvertrages solche Ausgaben nicht verträgt. Ihre concurrenzfähige Production hat damit ihr Ende erreicht und sie haben Berlin vielfach verlassen. Auch Tabaksfabriken, Wollwebereien sind ausgewandert. Die Hauptschwierigkeit beruht aber darin, daß die in der Großstadt vorhandene Verführung, die Agitation unruhiger Geister, die ihren Beruf verfehlt haben, vielfach Gift in die Kreise der Arbeiter getragen haben; sie werden zum Classenhaß aufgereizt, bilden einen Staat im Staate, von dem Napoleon I. sagte: l'État des ouvriers est un état de canaille; jede erzwungene Lohnerhöhung macht sie wilder, wie den Löwen das Blut, was er gekostet hat. So brechen überall Strikes aus, greifen wie Epidemien um sich und scheinen sich für permanent erklären zu wollen. Sie tragen gewaltige Störungen in das industrielle Leben und zwingen zur Dislocation.

Kurz all diese Dinge nehmen der Großstadt ihr Uebergewicht als Fabricationsort, welches ja ohnehin ungleich mehr in den Consumtionsverhältnissen als in Productionsvortheilen beruht, und die

Jungfern - Haide.
Moabit
B
Spree Fluſs.
Charlotten-
burg.
Thierga
F
Grunewald.
Südwestbahn.

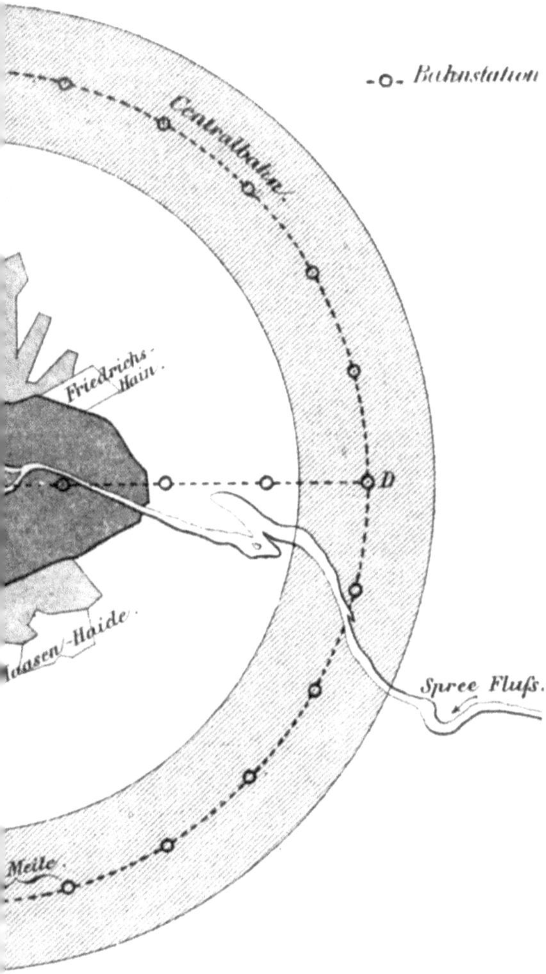

-o- Bahnstation
Centralbahn.
Friedrichs-Hain.
D
Spree Fluſs.
Meile.

zunehmende Bildung und das wachsende Capital schaffen ihr aller Orten Concurrenz.

Nach diesen Auseinandersetzungen darf man wohl die Frage aufwerfen, ob es gut ist, den sog. industrielllen Aufschwung Berlins durch künstliche und so zweckentsprechende Mittel wie die Güterstationen der Südwestbahn, zu einem Zeitpunkt noch zu vermehren, wo bereits die Industrie selbst anfängt dessen schädliche Wirkungen zu empfinden. Für die gesammte Bewohnerschaft der Stadt Berlin und vor Allem für die Industrie handelt es sich jetzt um nichts Anderes und Wichtigeres, als um Abhilfe der Wohnungsnoth. Von diesem Gesichtspunkte, und von keinem andern, sollte man die beiden Bahnprojecte betrachten.

Was aber jedes von ihnen der Wohnungsnoth gegenüber leistet, das übersieht man am besten und raschesten auf nebenstehender kartographischer Darstellung, welche beide Bahnen in idealer Weise ihrem Wesen und Princip nach darstellt.

Nehmen wir an, die Südwestbahn schließt sich bei D. an die östlichen Staatsbahnen an, geht mit etwa 5 Güter- und Personenstationen durch die Stadt und verläßt dieselbe, indem sie sich mit Umgehung des Thiergartens nach Westen wendet. Da der Thiergarten nicht bebaut werden darf, so bleibt das einzig colonisationsfähige Land das auf der Skizze wellenförmig schraffirte Stück F, welches etwa zwischen der Bismarkstraße und dem verlängerten Kurfürstendamm liegt. Schon jetzt kostet in dieser Gegend die Quadratruthe 120—200 Thlr.

Dann tritt sie in den Grunewald ein, über dessen Bebauung im Großen ein Urtheil so lange nicht möglich ist als der Fiscus seine Ansichten darüber nicht geäußert hat. Man sieht, was die Südwestbahn für die Colonisation und die Wohnungsnoth leistet, ist nahezu gleich Null; sie muß eben ihrem Wesen nach auf dem kürzesten Wege aus Berlin herauskommen und in möglichst gerader Linie auf Meiningen lossteuern; sie kann sich nicht darauf einlassen, um Berlin herumzugehen und auf billiges Terrain Rücksicht zu nehmen. Auch erweist sich ihre Verbindung von Personen- und Güterverkehr für die Colonisation nicht zweckentsprechend, denn Colonisten haben mit Güterverkehr nichts zu thun.

Wenden wir uns demgegenüber der Centralbahn zu. Die Lage des Punktes A. als Centrum des Kreises, den die Bahn um die Stadt und deren jetziges Speculationsterrain beschreibt, ist in der Gegend des Dönhofsplatzes gedacht. Vom Mittelpunkt aus erreicht die eigentliche Stadtbahn den äußeren Ring an zwei entgegengesetzten Punkten B. und D., welche in der Gegend von Charlottenburg nnd Friedrichsfelde liegen.

Es ist einleuchtend, daß die weiteste Tour eines Passagiers im Bezirke der so tracirten Eisenbahn in der Fahrt von einem der beiden Pole C oder E aus auf dem Viertelkreise (CB oder BE ꝛc.) und dem halben Durchmesser AB besteht. Denkt man sich aber den in der Skizze leicht schraffirten Ring der Centralbahn von Colonisten gleichmäßig bewohnt, so besteht die Durchschnittstour in der Fahrt auf einem Achtelkreise und ebenfalls dem halben Durchmesser, auf welcher der Fahrgast nach der Skizze 6 Zwischenstationen passirt und die Bahn an der siebenten Station verläßt.

In der Skizze ist der Durchmesser BAD des Kreises 2 Meilen lang, also die Entfernung von Station zu Station $^1/_4$ Meile; demnach hat der Ring selbst einen Umfang von $6^2/_7$ Meilen. Die weiteste Tour von einem der Pole aus bis zum Mittelpunkte ist hiernach $2^4/_7$ Meilen und die Durchschnittsfahrt gleich $1^{11}/_{14}$ Meilen.

Die Südwestbahn will nach dem Inhalt ihrer neuesten Denkschrift [Bahn durch Berlin über Charlottenburg und Potsdam, Berlin 1873. S. 10] die Tour vom Niederschlesisch-Märkischen Bahnhofe bis Charlottenburg, mithin eine Strecke von $1^1/_4$ Meile, auf der ebenfalls 7mal angehalten wird, in 20 Minuten zurücklegen. Hält man diese Angabe für richtig, so würde man zu der nur wenig längeren Durchschnittstour der Centralbahn etwa 22 Minuten Fahrzeit gebrauchen.

In Betreff der Ausdehnung, welche die Colonisation der Umgegend von Berlin durch die Einführung der vorstehend skizzirten Dampfomnibus-Linie erlangen kann, ist als Voraussetzung festzuhalten, daß der Weg eines Colonisten von seiner Wohnung nach der nächsten Station ein möglichst kurzer sein muß. Deshalb muß sowohl die Entfernung der Haltepunkte von einander, als die Breite des Ringes den die Bahn in der Mitte schneidet, gering bemessen werden. Nur dann kann diese Omnibuslinie auf allseitigen Zuspruch und ein schnelles Gelingen rechnen, wenn sie andere Communicationsmittel, als Droschken und gewöhnliche Omnibusfahrten im Bereiche des Colonisationsterrains unnöthig macht.

Nimmt man als weiteste Entfernung einen Fußweg von 15 Minuten, mithin einen durchschnittlichen Weg von 7—8 Minuten an, so ist der Abstand der Bahnmittellinie nach der äußeren oder inneren Grenze jenes Terrains gleich $1/_6$ Meile und der ganze Ring erhält eine durchschnittliche Breite von $1/_3$ Meile.

Das auf diese Weise durch die 24 Stationen der Ringbahn erschlossene Terrain hat nach Abzug der bereits bebauten Theile von Charlottenburg einen Flächeninhalt von rund 2 Quadratmeilen oder von 8 Millionen Quadratruthen.

Wenn der siebente oder achte Theil des Ganzen zum Bau der Eisenbahn selbst, zur Anlage von Straßen und Plätzen abgezogen wird, so bietet der Rest Wohnungen für nahezu 200,000 Haushaltungen, deren jede für sich einen durchschnittlichen Raum von 35 Quadratruthen beansprucht.

Die Leistung der Centralbahn besteht daher in kurzen Worten in der Beschaffung eines mehr oder weniger billigen Bauterrains für fast eine Million Berliner Einwohner, eines Terrains, von so gewaltigem Umfang und der Zeit nach von so geringer Entfernung vom Mittelpunkte der eigentlichen Stadt, daß der bisherige Grundstückswucher kaum noch einen Hebel findet, um den jetzigen Preis dieser Gegenden auf eine wirthschaftlich schädliche Höhe zu bringen.

Durch die dargestellte Tracirung dieser Bahn werden inzwischen neben der hauptstädtischen Colonisation auch auf einem anderen Gebiete bemerkenswerthe Vortheile erreicht. Da wo die in die Provinzen führenden Eisenbahnen die Centralbahn schneiden, werden nämlich Verbindungs- oder Zweigstationen eingerichtet, so daß die sämmtlichen Personenzüge der schon existirenden oder noch zu bauenden Bahnen auf den Geleisen der Centralbahn in das Innere der Stadt geführt werden können.

Man bedenke, daß der Personenverkehr auf den 8 von Berlin ausgehenden Bahnen für das Jahr 1871*)

*) cf. städtisches Jahrbuch für Volksw. und Statistik. VI. Jahrg. S. 139. (Berlin 1872).

3,030987 Ankommende und
3,012365 Abreisende, also einen
Gesammmtverkehr von 6,043352 Personen nachweist.

Wenn dieser jährlich wachsende Strom auch nur theilweise auf das neue Verkehrsmittel übergeleitet wird, etwa in derselben Weise wie 5 oder 6 große Gesellschaften augenblicklich ihre Reisenden auf der unterirdischen Metropolitan-Bahn Londons nach der inneren Stadt befördern, so steht der Ringbahn von vornherein eine schon bestehende, nicht erst zu schaffende Frequenz zur Verfügung, die ihre Lebensfähigkeit außer Zweifel stellt.

Neben diesem großartigen Personenverkehr betrachte man nun das Berliner Wohnungsbedürfniß. Es tritt mit einer Allgemeinheit und Mächtigkeit auf, wie sie wohl selten ein gemeinsamer Gedankenkreis von circa 900,000 Menschen erzeugt hat. Man möchte fast sagen, das Wohnungsbedürfniß, in der Art, wie es die geistigen und physischen Kräfte einer solchen Menschenmasse in Bewegung setzt und einem bestimmt markirten Ziele zutreibt, ist eine Großmacht.

Die Centralbahn baut ihr im Wesentlichen höchst einfaches Gebäude auf die breite Basis des Personenverkehrs wie ihn diese Großmacht und jene Verkehrsmacht erzeugen. Sie beschwört die gesammte ungesunde Entwickelung Berlins mit ihrem Gefolge von Wohnungsnoth, physischer und moralischer Krankheit, wirthschaftlicher Freibeuterei und socialer Zerklüftung mit der einfachen Formel eines vollkommenen, den localen Verhältnissen angepaßten Communicationsmittels, etwa wie der große Feldherr Moltke die französisch-napoleonische Herrschaft und allen damit in Verbindung stehenden Schwindel mit der einfachen Formel: „Getrennt marschiren und vereint schlagen" gestürzt hat. Aber gerade in dieser Einfachheit des Mittels liegt auch seine Großartigkeit und seine Wirkung. Die Mächte sind da — die Centralbahn reicht ihnen direct die Hand.

Wer aber, wie die Südwestbahn, in erster Linie eine große durchgehende Verkehrslinie über Meiningen nach dem Süden bauen will — wogegen an sich ja gar nichts einzuwenden ist — und bei dieser Gelegenheit so nebenher der Berliner Wohnungsnoth abhelfen will — etwa wie bei der Elephanten- und Löwenfütterung stets auch etwas für die Sperlinge abfällt — der hat kein klares Verständniß von jenen Mächten, die an sich eine ungetheilte Kraft erfordern und die man direct — nicht auf Umwegen über Meiningen bekämpfen muß.

---

## IV. Der Güterverkehr großstädtischer Eisenbahnen und seine Beziehungen zum Straßenverkehr.

### a. Güter-Eintheilung vom Gesichtspunkte des Straßenverkehrs.

Man kann die gesammten ankommenden Güter einer Großstadt in zwei Classen theilen, in diejenigen, welche dem Consumenten, dem Kleinhändler, dem Fabrikanten von der Bahn direct zugehen und in solche, die vor der Consumtion zur Lagerung auf Stapelplätzen, in Depots und Waarenhäusern der Großhändler oder der Zollbehörde gelangen.

Die abgehenden Güter werden den Stationen entweder ohne allen Zwischentransport oder aber mittelst Spedition d. h. mit so kurzer Aufstapelung zugeführt, daß sie mit Rücksicht auf die Straßenfrequenz jener ersten Klasse von eingehenden Gütern gleich zu zählen sind.

Nach genauen statistischen Feststellungen (cf. städt. Jahrb. für Volksw. und Statist. VI. Jahrg. S. 139) verhält sich die Zahl der abgehenden Frachten in den letzten Jahren zu den ankommenden wie 1 : 3. Im Jahre 1871 betrug

der Eingang 33,400859 Ctr.
" Ausgang 11,812157 "

Man kann also wohl mit Recht, wie auch factisch alle Sachverständigen, Spediteure, Engros-Händler 2c. thun, den größten Theil des gesammten sich in den Straßen begegnenden Güterverkehrs als den von Lagergütern bezeichnen; man braucht blos die hervorragendsten Eingangsartikel des Berliner Waarenverkehrs ins Auge zu fassen, denen Jeder die Qualität von Lagergütern zuerkennen wird, und zu ermitteln, wie viel Procent des gesammten Eingangs sie betragen, so findet man, daß sie schon mehr als dreiviertel des gesammten Eingangs ausmachen.

Es betragen vom Gesammteingang nach der Centnerzahl:

| | |
|---|---|
| Brennmaterialen (excl. Holz) also Torf, Kohle, Koks ꝛc. . | 38 %. |
| Colonialwaaren incl. Mehl . . . . . . . . . . . | 18 = |
| Feld- und Gartenerzeugnisse (Getreide, Oelsaat, Kartoffeln, Obst ꝛc.) . . . . . . . . . . . . . . . . . | 13 = |
| Eisen, Stahl, Eisen- und Stahlwaaren . . . . . . | 9 = |
| Baumaterialien (Steine, Erden, Cement, Gyps, Kalke) . | 4 = |

Ein Blick auf die Umgebung irgend eines der 8 Berliner Bahnhöfe lehrt nun sofort, daß ein nicht geringer Theil der oben bezeichneten Lagergüter, welche bei einem relativ geringen ursprünglichem Werth ein besonders großes Volumen und Gewicht haben, mit Rücksicht auf Volumen und Werth einen ausgedehnten, und besonders billigen Lagerplatz erfordert, der namentlich wegen ihres Gewichtes und der Kostspieligkeit des weiteren Transportes möglichst nahe am Bahnhof sein muß. Aus diesen Gründen ist jeder Bahnhof mit zahlreichen Lagerplätzen für Holz, Kohle, Koks, Torf, Steine, Kalk, Klinker ꝛc. umgeben.

Andere Güter werden eine um so weniger merkliche Preissteigerung durch den Transport vom Bahnhof nach dem Depot erfahren, je höher ihr Werth ist. Ja bei vielen Gütern, welche zur Lagerung in Speichergebäude gelangen, verlieren sich so zu sagen die Kosten für den ersten Transport schon in dem durch die verschiedenen Zwischentransporte und die Lagerconjuncturen hervorgebrachten Preisaufschlag, von dessen Betrag sie oft nur einen verschwindend kleinen und darum im Handel nicht mehr merklichen Bruchtheil bilden.

### b. Die bisherige centrifugale Verkehrsentwickelung Berlins und die centripetale Verkehrsentwickelung der Südwestbahn.

Der gewaltige Verkehrszuwachs, welchen die Eisenbahnen im Lauf der Zeit brachten, und der sich an der Peripherie der alten Stadt ablagerte, hatte gleichzeitig in deren Mitte bereits Speicher und Lagerplätze aus alter Zeit vorgefunden, welche von da ab mit Vorliebe für Waaren benutzt wurden, die zwischen ihrer Ankunft in der Stadt und ihrem Eintritt in den Consum häufigem Eigenthumswechsel unterliegen, und die daher die Nähe des Marktes für den eigentlichen Großhandel wünschenswerth machten. Den Verhältnissen nach mußte gerade auf diesem Gebiete die Unzulänglichkeit der früheren Zustände gegenüber der Fülle der mit den Eisenbahnen zuströmenden Güter am ersten und für alle Interessen am schädlichsten auftreten.

Die hergebrachte Benutzung jener innern Stadttheile zu Wohnungszwecken, die engen Straßen, die theuern Preise für Grund und Boden traten dem Verlangen der Handelsentwickelung nach Raum und wohlfeilem Terrain für Speichererweiterung, sowie nach Vervollkommnung aller Communicationen mächtig entgegen. Vereint mit diesen natürlichen Hindernissen, mit den Behörden, die in dem engen Centrum ihren Sitz hatten, und den dichtgedrängten Einwohnern trat schließlich noch eine Macht auf, ohne welche alle jene Factoren wohl schwerlich einen Erfolg gegen den friedlichen aber gewaltigen Kampf der modernen Handels- und Industrie-Entwickelung erreicht hätten: das war das Capital selbst und die Speculation. Denn der Preis für Grund und Boden im Centrum der Stadt stieg allmälig auf eine Höhe, daß einfach die wirthschaftlichen Gesetze der Preisbildung Lagerplätze aus dem Innern verdrängten. Und so sehen wir denn unter dem Druck dieser Verhältnisse die verschiedensten Projecte auftauchen, welche alle dahin streben, das Centrum der Stadt vom Verkehr zu entlasten.

Abgesehen von der vielfach ventilirten und hoffentlich baldigen Aufhebung der Königl. Mühlen, ist hier der wirklich erfolgten Vereinigung und Verlegung des Marktes für Schlachtvieh zu gedenken. Ferner schweben Verhandlungen um den Wollmarkt, den größten des Continents, der jetzt eine den öffentlichen Verkehr ebenso belästigende, wie die eignen Interessen schädigende Position einnimmt, nach einer Oertlichkeit zu verlegen, die seiner Entwickelung freien Spielraum bietet. Der „neue" Packhof ist zur Zeit seiner Erbauung, und er ist ja eine verhältnißmäßig jugendliche Schöpfung, nach reiflichster Erwägung des Handelsbedürfnisses in solchen Dimensionen angelegt, daß er für Generationen genügen sollte; aber trotz der inzwischen eingetretenen Zollbefreiungen mancher räumlich bedeutenden Artikel zeigt sich die Anlage heute doch als vollständig unzureichend. Da eine Vergrößerung des Packhofs an der alten Stelle nicht möglich ist, so ist seine Verlegung nach Außen nur eine Frage der Zeit; bekanntlich sind die erforderlichen Grundstücke in der Nähe des Moabiter Bahnhofs bereits gekauft und werden dem Project zur Zeit nur noch von der Productenbörse Schwierigkeiten bereitet, deren werkthätige Hilfe nicht wohl zu entbehren ist.

Im Zusammenhang mit diesen Bestrebungen, die innere Stadt von dem Güterverkehr zu entlasten, sind auch diejenigen des „Berliner Spediteur-Vereins" zu erwähnen. Um die im öffentlichen Interesse höchst anerkennenswerthen Zielpunkte dieses Unternehmens in ihrer ganzen Tragweite erkennen zu können, muß man einen Blick auf diejenigen Verhältnisse werfen, die es hervorgerufen haben.

Bisher hatte nämlich jedes Geschäft, deren in den eigentlichen Industrie- und Handelsheerden oft 6—8 in einem Hause existiren, seinen Spediteur. Hatten nun diese 8 Geschäfte Waarenballen wegzuschicken, so konnte sich leicht ereignen, daß gegen Abend 6—8 verschiedene Rollwagen vor dem betreffenden Hause hielten. Der Verein sagte sich nun: es liegt hier offenbar eine Verschwendung an Arbeitskraft vor, verbunden mit unnützem Straßengeräusch durch überschüssige Rollwagen. Werden durch eine gute Organisation die Bestellungen der 8 Geschäfte irgendwo concentrirt, so kann das 1 Spediteurwagen besorgen, wozu jetzt 6—8 in Bewegung gesetzt werden. Wir Berliner Spediteure treten also zusammen, organisiren das gesammte Spediteurwesen, indem wir ein Centralbüreau außerhalb der Stadt gründen mit Filialen in allen Theilen, wo das Bedürfniß sich herausstellt. Diese Filialen haben alle Bestellungen sofort an das Centralbüreau zu senden, dort werden sie nach Straßen und Häusern sortirt und mit dem geringsten Aufwand von Rollwagen und Arbeitskraft besorgt.

Zur zweckentsprechenden Organisation dieser Idee gehörte aber, daß die Filialen mit dem Centralbüreau durch Telegraphenleitungen verbunden waren, und dazu wurde von den Polizeibehörden die Erlaubniß nicht ertheilt. Wenn man Verkehrsstörungen fürchtete durch Legung der Drähte, warum wurden diese nicht, wie in London und doch auch in vielen Theilen Berlins, oberhalb an den Häusern entlang gelegt? Merkwürdigerweise scheinen in Berlin nicht wenige Behörden dazu da zu sein, wirklich gemeinnützigen Unternehmungen durch Bereitung aller erdenklichen Schwierigkeiten das Leben sauer zu machen, statt sie möglichst zu fördern.

Inmitten dieser Strömungen, die alle betheiligten Kreise, Behörden, Einwohner und die Handelswelt selbst, ein und demselben Ziele zustreben sahen, entstand der Entwurf der Berliner Südwestbahn und ihrer Güterstationen im Centrum der Stadt. Sie steht den gesammten bisherigen Bestrebungen diametral entgegen und sucht den Verkehr und den Markt gerade an den Stellen zu fesseln und zu mehren, wo das Bedürfniß seiner Verlegung seit Jahren sich am stärksten geltend macht. Dies übersieht sich am Klarsten, wenn man die Verkehrsgesetze der bisherigen Zustände mit denjenigen, wie sie die Südwestbahn erzeugt, durch eine graphische Darstellung sich veranschaulicht.

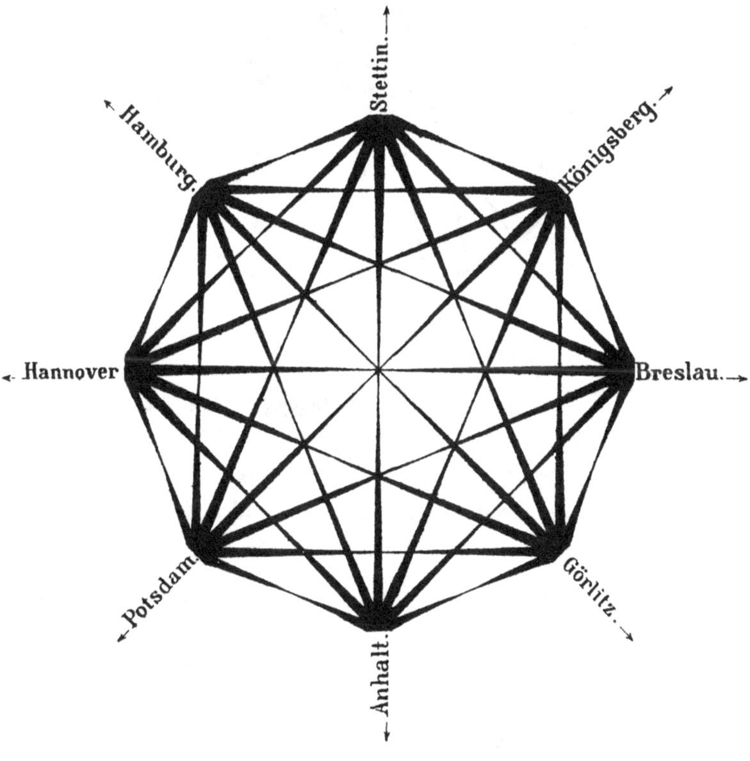


Fig. 1.

Die vorstehende Fig. 1 zeigt den bisherigen Stand der Dinge. Hier liegen die Güterbahnhöfe in der Peripherie der Stadt, wo die Straßen naturgemäß am Breitesten sind, also den meisten Verkehr zulassen. Die strahlenförmig von den Stationen ausgehenden Linien stellen in idealer Richtung die Zufuhr- resp. Abfuhrwege dar, während die nach den Stationen hin wachsende Stärke der Linien die Mächtigkeit des Straßenverkehrs bezeichnet, von dem gerade das Centrum natürlich am wenigsten betroffen wird.

Fig. 2.

In Figur 2 dagegen ist vorausgesetzt, daß die Stadt Berlin mit 4 Güterbahnhöfen von nahezu gleicher Verkehrsintensität versehen wird, die in kurzer Entfernung von einander liegen. Die Zufuhr beginnt von der Peripherie, wo sie am schwächsten auftritt, und wächst immer mehr nach der Station, d. h. nach dem Centrum der Stadt zu. Man sieht, daß hier das Centrum, d. h. für Berlin der ungeeignetste Theil, der bei jeder Stadttheilsgrenze nach der historischen Entwickelung der Stadt durch enge Passagen gehemmt ist, am meisten belastet wird, während gerade die Peripherie vom Verkehr frei bleibt. Die Figur stellt die Wirkung eines centralen Güterverkehrs nach den Gesetzen des heutigen Eisenbahnbetriebes und nach der aus der Erfahrung gewonnenen Anschauung dar, welche in den einzelnen Stationen mit ihrer nächsten Umgebung einen großen Markt für die ganze. Stadt sieht.

Eine Vergleichung der Darstellungen kann keinen Zweifel darüber lassen, daß unter gewöhnlichen Umständen die Lage an den Grenzen der Stadt weit geringeren Einfluß auf die Frequenz der engen Verkehrsadern im Centrum haben wird, als ein halb so mächtiger oder noch geringerer Betrieb, der von der städtischen Mitte ausstrahlt.

### c. Die Verkehrsgesetze des großstädtischen Güterverkehrs und der Straßenverkehr.

Wir haben bisher eine Anschauung von der allgemeinen Gestaltung der Dinge gewonnen und versuchen uns jetzt die Frage zu beantworten wie ein bestimmter Güterbahnhof innerhalb einer Großstadt, die mehrere Bahnhöfe hat, auf die Stadt überhaupt und auf ihren Verkehr wirkt.

Von diesem Gesichtspunkt hat jeder großstädtische Bahnhof einen zweifachen Charakter: den einen wollen wir einen streng localen, den andern einen wirthschaftlichen nennen. Jeder Bahnhof beherrscht zunächst einen localen Rayon, innerhalb dessen Grenzen er die abgehenden Güter aufsaugt und die ankommenden vertheilt, wie das innerhalb jeder kleineren Stadt, die blos einen Bahnhof hat, sich ganz naturgemäß vollzieht. Sodann hat er aber auch eine weitergehende Wirkung, einen Rayon, der das ganze Weichbild der Stadt umfaßt, weil er von wirthschaftlichen Gesetzen gebildet und beherrscht wird, die eine weitergehende allgemeine, nicht blos locale Herrschaft und Geltung haben. Abgesehen von vielen andern Ursachen hat derselbe seinen Grund vornehmlich in den Beziehungen der großen Lagerplätze und Depots, (die sich in der Nachbarschaft jeder Güterstation einfinden wie die Händler auf dem Jahrmarkt) zu dem handeltreibenden und consumirenden Publikum des ganzen städtischen Bezirks. Bietet ein bestimmter Bahnhof, also auch das Gefolge seiner Lagerplätze, eine besonders günstige Conjunctur für Kohlen oder Holz, so holen die Consumenten der ganzen Stadt, ja sogar der weiteren Umgegend ihren Bedarf dort, genau aus denselben

Gründen wie die Frauen aus der Friedrichs-Vorstadt ihren Bedarf bei einem besonders billigen oder guten Posamentier- oder Leinenwaarenhändler in der Königstadt holen. Hand in Hand mit den Lagerplätzen und Depots wirkt sodann die Concurrenz der Bahnen und die daraus erwachsende coulantere Spedition und Tarifirung oder irgend eine andere Ursache, welche die erfindungsreiche Concurrenz ersinnt um den Verkehr an sich zu ziehen. Der Theorie nach müßte jede neu angelegte Güterstation eine Minderung des Straßenverkehrs herbeiführen, weil die Anwohner ja den frühern weiten Transport ersparen, thatsächlich indessen tritt, wenn auch oft nicht gleich, gerade das Gegentheil ein. Die Station wächst zu einem neuen Brennpunkt für den gesammten städtischen Verkehr heran, in ihrer Nähe bildet sich ein Markt, dessen Waaren sich über alle Bezirke der Stadt bis in die fernste Umgebung verbreiten. So lange aber dies Spiel von Kräften und zufälligen Umständen entweder günstig auf die Preise wirkt oder sonst wirthschaftliche Vortheile gewährt, wird gegen diese wirthschaftlichen Factoren der abgekürzte Straßentransport, die längere oder kürzere Tour eines Rollwagens stets eine untergeordnete Rolle spielen. Jeder Spediteur bestätigt den Satz, daß die Hauptarbeit also das Entscheidende für Kosten und Kräfte in dem Aufladen und Abladen bestehe; ob die eigentliche Fahrt $^1/_4$ Stunde oder $^1/_2$ Stunde dauere, das sei von durchaus untergeordneter Bedeutung. Unsere ganze Reform des Brief- und Paketportos beruht auf dem Princip, daß die Entfernung für die Tarifhöhe nicht bestimmend ist.

Aus diesen Gründen müssen wir die Ansicht des Vorstandes der deutschen Eisenbahnbaugesellschaft in seiner Zuschrift an die Stadtverordneten-Versammlung, daß selbstverständlich diejenigen Güter, für welche der Weg nach den bestehenden Bahnhöfen näher ist, wie nach den Ladestellen an der Stadtbahn, den ersten zugeführt werden, für eine durchaus unrichtige halten. Diese Auffassung von der localen Trennung des zu vermittelnden Güterverkehrs widerspricht unseres Erachtens der ganzen Tendenz eines Eisenbahnunternehmens. Wir nehmen im Gegentheil an, daß es die höchste Aufgabe der Direction der Südwestbahn sein wird, concurrirenden Gesellschaften allen denkbaren Abbruch zu thun, soviel Güter als irgend möglich zu spediren, dabei ihren Berliner Geschäftsbezirk bis in die entferntesten Vorstände auszudehnen und Betriebsvorkehrungen sowohl in Berlin wie in allen Plätzen, wo die Bahn in Concurrenz mit bereits bestehenden Berliner Bahnen tritt, dahin zu treffen, daß jeder Absender unabhängig von seiner Berliner Wohnung einen besonderen Vortheil darin findet, die Waaren gerade nach den Ladestellen der Südwestbahn transportiren zu lassen.

Jene Direction muß es im Interesse der Actiengesellschaft eines großartigen Dampfspeditionsgeschäftes mit allen Mitteln zu erreichen suchen, die Frequenz ihrer kostspieligen Ladestellen zu einer dem gewaltigen Anlagecapital der Stadtbahn wirklich entsprechenden Massenbeförderung auszubilden; dies Ziel kann aber nur auf dem Wege der Concurrenz-Mache in großem Maaßstabe, auf dem einer Industrie erreicht werden, welche sich weder um Tag- und Nachtruhe, noch um Trommelfell und Nerven des unbetheiligten Publicums kümmert; welche sich weder gegenüber den Bahnhöfen der bereits bestehenden Gesellschaften, noch auch gegenüber den Transportgrenzen und sonstigen Bedürfnissen des städtischen Straßenverkehrs zu irgend einer Concession oder Rücksichtsnahme verpflichtet fühlt.

In richtiger Erkenntniß all dieser Consequenzen hat deshalb die Stadtverwaltung bisher stets zu jenen unsauberen Geistern und lärmenden Kobolten gesagt: bleibt fern aus dem Centrum der Stadt. Wie man mit dem schönsten Schmuck der Stadt und den unersetzlichsten Bedingungen des gesunden Lebens und Athmens ihrer Bewohner umspringt, wenn die Direction eines Dampffuhrgeschäftes entscheidend oder rathend auftritt, das hat die Südwestbahn schlecht genug zu verdecken verstanden in ihrer intendirten Durchschneidung des Thiergartens. Was gegenüber dem ewigen, ätzenden Kalkstaub der Neubauten, dem penetranten Geruch der Rinnsteine, dem staubigen Flugsande der Straßen und dem permanenten Geräusch beladener Rollwagen und klappernder Droschken dem Berliner der Thiergarten ist, mit seinen wirklich schönen Partien von parkartiger Vornehmheit und naturwüchsigem, stillem Waldcharakter, das bedarf keiner Beschreibung. Man erinnere sich, daß der Thiergarten eine Schöpfung monarchischer Macht und Kraft ist, wie sie eine parlamentarische Regierung weder als Abgeordnetenhaus noch als

Stadtverordneten-Versammlung kaum jemals schaffen könnte oder wollte.

Nun denke man sich von der Sommerstraße bis zum zoologischen Garten, gerade durch die schönsten Theile des Thiergartens einen Viaduct, über den alle Viertelstunde Züge dahindonnern, dessen Schönheiten in der Denkschrift besonders empfohlen werden, als den Fußgängern im Winter und Sommer Schutz gegen Regen, Schnee und Eis, bei großer Hitze aber Schatten und Kühlung gewährend. Mit den erforderlichen schönen Anlagen sollen durch diesen Eisenbahn-Viaduct für das Publicum „Annehmlichkeiten erzielt werden, wie sie wohl in keinem Park des Continents zu finden sind."

Der tiefen Wahrheit oder Ironie des letzten Satzes wollen wir nicht widersprechen, zumal man höhern Orts diese Anschauungen über Verschönerung des Thiergartens leider nicht getheilt hat. Aber Berlin kann aus diesen wenigen Zeilen viel lernen. —

Der bei Weitem schwierigste Punkt der Wirkung eines Güterbahnhofs auf die Straßenfrequenz bleibt wohl das Verhältniß des Frequenzzuwachses zu dem ungenügend breiten Straßennetze. In dieser Hinsicht macht es fast den Eindruck, als habe die Südwestbahn sich gerade diejenigen Punkte für ihre Güterstationen ausgesucht wo die Zufuhrstraßen am schmalsten sind.

Ein Straßendamm, auf dem langsam fahrende beladene Rollwagen und schnell fahrende Personenwagen (Equipagen, Omnibus und Droschken) gleichzeitig in Betracht kommen und der wie jede Eisenbahnstraße häufig die größte Frequenz aufzunehmen hat, muß Raum für 6 Gleise von je 3 Meter, also 18 Meter Breite haben. Man übersieht dies an nachstehender Skizze:

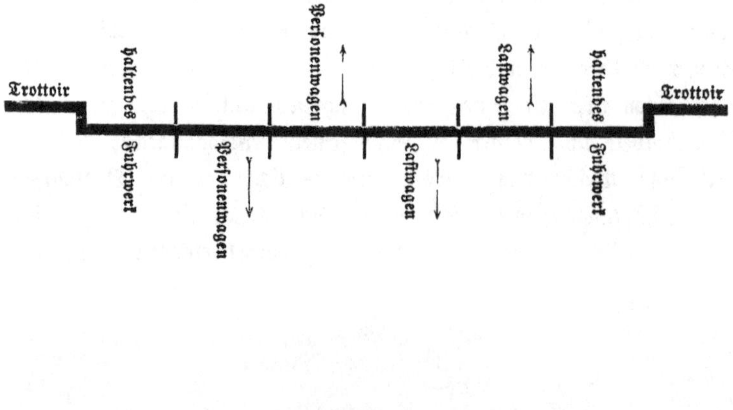

Zu beiden Seiten des Fahrdammes sind je 2 Gleisbreiten für haltendes, aufladendes und vorfahrendes Fuhrwerk erforderlich, sodann je 2 Gleisbreiten für das in der einen Richtung kommende und nach der entgegengesetzten Richtung gehende Personen- und Frachtfuhrwerk. Damit wird verhindert, daß langsam fahrende Wagen denselben Straßenraum mit den schnellfahrenden benutzen müssen, also ihre gegenseitige Bewegung störend beeinflussen.

Nun bedenke man, daß die Straßen gerade in den Stadttheilen, wo die Güterstationen der Südwestbahn projectirt sind, fast durchgehend nur eine Dammbreite von 9—11 Meter haben, von denen die starke Rinnsteinneigung noch auf beiden Seiten zehrt. Während sie bei gehöriger Verbreiterung das Zehnfache des jetzigen Verkehrs tragen würden, stellen statistische Beobachtungen fest, daß ihre gegenwärtige Frequenz schon oft den Eindruck des Unerträglichen macht und an dem Grenzpunkt der Leistungsfähigkeit angelangt ist; es ist deshalb thatsächlich nicht abzusehen, unter welchen Bedingungen die städtischen Behörden mit der deutschen Eisenbahnbau-Gesellschaft einen Compromiß schließen können: entweder werden die Interessen der Einwohnerschaft verletzt und die finanzielle Zukunft der Stadt durch Straßenerweiterungen bedroht — oder dafern diese die Stadt von sich abwälzt, werden an jenes industrielle und an sich gewiß sehr werthvolle Unternehmen Anforderungen gestellt, die das ganze Project im Keime ersticken. —

---

## V. Die Londoner Eisenbahnen.

Will man sich ein klares Bild davon verschaffen, was bei einer Großstadt eine vollkommene Colonisation auf Grund eines Dampf-omnibus-Verkehrs zu bedeuten hat, so muß man einen Blick auf London und sein Bahnsystem werfen. London darf man sich nicht als eine Stadt vorstellen; man kömmt der Wahrheit viel näher, wenn man sich denkt, London sei eine Provinz von Häusern. Diese Stadt steht mit den in ihrer unmittelbaren Nähe gelegenen Städten und Ortschaften durch die Eisenbahnen in einer so engen Beziehung, daß eine unterscheidende Grenzlinie, welche etwa sagen sollte, hier hört London auf und es fängt seine Umgebung an, überhaupt nicht zu ziehen ist. Keine Stadt der Welt ist in so reichhaltiger Weise von einem Eisenbahn-Netz umgeben wie London, und keine wächst ebendeshalb so eng und lebendig in ihre Umgebung hinein. Weil aber die Vorzüglichkeit einer großstädtischen Entwickelung augenscheinlich ist, welche alle Reize und Vortheile des Land- und Villenlebens mit den strengen Anforderungen und wunderbaren Spenden des großstädtischen Berufs-, Geschäfts- und Vergnügungs-Lebens vereinigt, so strebt man außer in Berlin auch neuerdings in Paris diesem Ziele zu; sowohl in der Seine-Präfectur wie bei den Unterpräfecturen von Sceaux und St.-Denis ist eine Enquête über eine große Gürtelbahn in neuester Zeit angestellt worden, welche 114 Ortschaften der Umgegend von Paris, wie alle Eisenbahnlinien unter einander in directe Verbindung setzen und somit eine große Colonisation um Paris ermöglichen soll. Dies gesammte Colonisationsnetz soll in 4 Abtheilungen zerfallen: die erste von Versailles bis Pontoise, die zweite von Pontoise bis Noisy le Sec, die dritte von Noisy le Sec bis Ablon und die vierte von Ablon bis Versailles. Man veranschlagt die Gesammtkosten dieses großen Unternehmens auf 49 Millionen.

Wem es nicht vergönnt war, die erstaunlichen Leistungen und die reichhaltige Verzweigung des Londoner Bahnsystems aus eigner Anschauung kennen zu lernen, dem gibt man das klarste und verständlichste Bild von diesen Dingen, wenn man ihm das Londoner Eisenbahnnetz auf seine heimischen Berliner Verhältnisse überträgt. Diese Aufgabe löst die dieser Schrift beigefügte Uebersichtskarte von Berlin, auf welcher das Londoner Eisenbahnnetz, die Themse und die wichtigsten Punkte der Umgebung roth aufgetragen sind. Die Karte spricht für sich selbst und bedarf kaum einer Erklärung. Sie zeigt auf einen Blick, daß es der Wohnungsnoth gegenüber nicht darauf ankommt, die von Berlin auslaufenden Bahnen noch um eine zu vermehren, sondern daß die Umgebung der Stadt durch eine große ins Centrum der Stadt gehende Ringbahn für Personenverkehr der Colonisation erschlossen werden muß. In der Möglichkeit der Colonisation liegt der ganze Zauber einer gesunden, zukünftigen Entwickelung

Berlins. An verschiedenen Punkten der Umgebung sind schon sehr beachtenswerthe Anfänge von Colonisation gemacht worden, aber nirgends hat dieselbe wegen Mangel an guter und präciser Communication tief Wurzel schlagen können. Mit einer guten Dampfomnibuslinie, welche die hervorragendsten Punkte der Umgebung mit dem Centrum der Stadt und den wichtigsten Stadttheilen in Verbindung setzt, gibt man den schon bestehenden Colonien einen erneuten Aufschwung und bereitet unzähligen neuen einen fruchtbaren Boden.

Wer vom Standpunkte der für Berlin so nothwendigen Colonisation die beiden Bahnprojecte betrachtet, nachdem er sich die Karte von Berlin mit dem Londoner Colonisations und Eisenbahnsystem angesehen hat, wer dabei die Interessen der Berliner Gesammtbevölkerung, nicht blos die der Berliner Industrie im Auge hat, und von dem Gedanken beherrscht ist, daß man die Berliner in erster Linie von ihrer Wohnungsnoth befreien muß — der kann in der That in der Entscheidung zwischen beiden Projecten nicht einen Augenblick zweifelhaft sein.

Die Südwestbahn hat mit Colonisation nichts zu thun: die Centralbahn bietet für dieselbe durch das mit ihr untrennbar verknüpfte Bahnsystem eine gut geplante, vorzügliche Grundlage, auf der man mit Leichtigkeit weiter bauen kann. Der Halbmesser des Kreises geht durch die Stadt, zwei Halbkreise umschließen dieselbe, daran lassen sich Radial- und Zweigbahnen aller Art, wie sie das Bedürfniß fordert, nach jeder Richtung hin anfügen.

Es gibt Leute, welche behaupten, für eine bloße Berliner Personenbahn, ohne Güterverkehr, bekomme man kein Geld, weil sich dieselbe allein nicht rentire. Ich drehe diesen Satz um und behaupte, wer in der Stadt Güter- und Personenverkehr zusammen, auf einer Bahn, will, der will Jedes nur halb und bekommt kein Geld, weil das Capital Halbheiten flieht, wie der Hauch den blanken Stahl.

Wer dagegen die gesunde Speculation einer ausschließlichen P e r s o n e n bahn auf solcher Basis errichtet, wie sie das Berliner Bedürfniß nach Colonisation und die wunderbare Anziehungskraft Berlins als Hauptstadt des deutschen Reichs in ihrem Zusammenwirken erzeugen, wer sich sagt, diese großartige Aufgabe erfordert eine ungetheilte Kraft und es wäre falsch sie durch Gütertransport zu zersplittern — Dem kann man ein zuversichtliches Glück auf! entgegenrufen, denn gesunde Gedanken nehmen den Character eines Naturgesetzes an und wirken auf das Capital etwa wie ein starker Magnet auf ruhende Eisenfeilspähne.

Buchdruckerei von Gustav Schade (Otto Francke).
Berlin, Marienstr. 10.

Heiligensee
Schulzendorf
Niedr. Neuendorf
Der Heilige See
Die Havel
Heiligenseesche Forst
Spandauer Stadt Heide
Tegelsche See
Tegel
Hachens Meierei
Oranienburger Vorstadt
Citadelle
SPANDOW
Der Stresow
Grosse Rohr Bruch
Die Spree
Tiefwerder
Pichelsdorf
Schiess Platz
Spandower
CHARLOTTENBURG
Westend
Schloss Garten
Jungfern
Heide

# Topographische Karte der Umgeg

## mit dem Eisenbahnnetz v

end von Berlin,

on London.

Schröders Pf.
Ch.W.
Blumberg
Der Mergel
Die Schleuse
Kebitz Pfuhl
Burschen Pf
Mehrow
nach Colchester
Biesen Pf
Heed See
Wend S.
Eiche
Der schmale See
Moos Pf.
Mittel See
Honow
Die kalten Gründe
nach Gravesend & Southend
Vw Hellersdorf
Hasen Pf.
Espengrund
Teufels Pf
Spitz B.
Themse
n. Cüstrin
Mahlsdorf

Gez. v. L. Kraatz.

Eisenbahnen von London und Umg

Eisenbahnstationen.

Eisenbahnkopfstationen.

Der Hyde Park ist im Thiergarten liegend geda

Berlin, Verlag von D. Reimer.

2000 Rth. Pr.

Grenze des W…
Die Bahnhöfe der Verbindungs Eis…
„ Haltestellen „ „ „ „
Berliner Eisen…

rlin.
B.H.
St. bezeichnet.

FSC
www.fsc.org
MIX
Papier | Fördert
gute Waldnutzung
FSC® C083411

Kolibri 360 GmbH
Ferdinand-Jühlke-Straße 7
99095 Erfurt, Deutschland
produktsicherheit@kolibri360.de